AUDIÊNCIAS DE CONCILIAÇÃO E MEDIAÇÃO OBRIGATÓRIAS NO INÍCIO DO PROCESSO

UM OLHAR HISTÓRICO, DOGMÁTICO E EMPÍRICO SOBRE O ART. 334 DO CPC/15

ALEXANDRE DE PAULA FILHO

José Mário Wanderley Gomes Neto
Prefácio

AUDIÊNCIAS DE CONCILIAÇÃO E MEDIAÇÃO OBRIGATÓRIAS NO INÍCIO DO PROCESSO

UM OLHAR HISTÓRICO, DOGMÁTICO E EMPÍRICO SOBRE O ART. 334 DO CPC/15

Belo Horizonte

FÓRUM
CONHECIMENTO JURÍDICO

2023

FÓRUM
CONHECIMENTO JURÍDICO

Luís Cláudio Rodrigues Ferreira
Presidente e Editor

Coordenação editorial: Leonardo Eustáquio Siqueira Araújo
Aline Sobreira de Oliveira

Rua Paulo Ribeiro Bastos, 211 – Jardim Atlântico – CEP 31710-430
Belo Horizonte – Minas Gerais – Tel.: (31) 99412.0131
www.editoraforum.com.br – editoraforum@editoraforum.com.br

Técnica. Empenho. Zelo. Esses foram alguns dos cuidados aplicados na edição desta obra. No entanto, podem ocorrer erros de impressão, digitação ou mesmo restar alguma dúvida conceitual. Caso se constate algo assim, solicitamos a gentileza de nos comunicar através do *e-mail* editorial@editoraforum.com.br para que possamos esclarecer, no que couber. A sua contribuição é muito importante para mantermos a excelência editorial. A Editora Fórum agradece a sua contribuição.

Dados Internacionais de Catalogação na Publicação (CIP) de acordo com ISBD

P324a   Paula Filho, Alexandre de

        Audiências de conciliação e mediação obrigatórias no início do processo: um olhar histórico, dogmático e empírico sobre o art. 334 do CPC/15 / Alexandre de Paula Filho. - Belo Horizonte: Fórum, 2023.

        181 p. ; 14,5cm x 21,5cm.
        Inclui bibliografia.
        ISBN: 978-65-5518-370-2

        1. Direito. 2. Direito Processual Civil. 3. Métodos adequados de solução dos conflitos. 4. Conciliação e mediação. 5. Pesquisa empírica. 6. Pesquisa quantitativa em direito. 7. Hermenêutica e argumentação jurídica. I. Título.

                                             CDD 341.46
2022-1125   CDU 347.9

Elaborado por Vagner Rodolfo da Silva - CRB-8/9410

Informação bibliográfica deste livro, conforme a NBR 6023:2018 da Associação Brasileira de Normas Técnicas (ABNT):

PAULA FILHO, Alexandre de. *Audiências de conciliação e mediação obrigatórias no início do processo*: um olhar histórico, dogmático e empírico sobre o art. 334 do CPC/15. Belo Horizonte: Fórum, 2023. 181 p. ISBN 978-65-5518-370-2.

Àquele que não desiste, mesmo quando eu insisto em querer as migalhas que caem no chão. Àquele que "deixa primeiro que os filhos fiquem saciados" (Mc. 7-27). Porque isto aqui é resultado do querer de um Pai Misericordioso e não de um filho pródigo.

AGRADECIMENTOS

Já tendo dedicado a obra Àquele a quem devo tudo, Nosso Senhor Jesus Cristo, gostaria de registrar também meus agradecimentos aos que estão sempre comigo: meu pai, exemplo de dedicação à família, preocupação genuína com as coisas que mais importam e que sempre me ensinou a não medir esforços com saúde e educação. A minha mãe, que me ensina mais como humano do que como jurista (não obstante ser a minha maior inspiração enquanto profissional do direito); que não cessa em ações e orações pelo meu bem. A meu irmão, Deco, que apoia da forma mais verdadeira possível: mais com os gestos que com as palavras. A Branca e Leninha, pessoas de coração gigante e verdadeiras mães para mim, por inspirarem a fazer tudo com amor. A Nala, filha e fiel escudeira, que virou algumas noites comigo. A meu amor, Lalá, que, sem merecer nada disso, sofreu, torceu e comemorou a conclusão desta etapa junto comigo. Não posso deixar de registrar minha gratidão a outras três pessoas da minha família a quem devo esta vitória: Dani, pela torcida, participação ativa em cada etapa e, especialmente, pela cuidadosa revisão ortográfica feita neste livro; a tio Cláudio, pela confiança depositada, compreensão e apoio no escritório; e a Can, por também viver este sonho comigo, apoiando-me incondicionalmente e me rendendo quando precisei estar ausente. Por fim e não menos importante, a meu orientador José Mário Gomes Neto, que me apresentou a pesquisa empírica. Digo, sem qualquer sorte de bajulação ou medo de cometer injustiça: é o maior em matéria de pesquisa empírica quantitativa em Pernambuco e um dos maiores no Brasil.

LISTA DE GRÁFICOS

LISTA DE ILUSTRAÇÕES

LISTA DE TABELAS

SUMÁRIO

O que leva um juiz a não cumprir a lei? Mais precisamente: o que leva um juiz a não aplicar uma norma processual cogente e deixar de designar ato processual obrigatório (em situações em que a exclusão não esteja expressamente tipificada)?

Essas questões revelam dimensões do direito processual e do funcionamento das instituições judiciais muitas vezes despercebidas em estudos tradicionais ou até, algumas vezes, deliberadamente ignoradas. Fatores extrajurídicos interferem frequentemente no funcionamento dos órgãos judiciais e, via de consequência, na aplicação das normas processuais, o que muitas vezes interfere na concretização de promessas doutrinárias baseadas exclusivamente no frio texto normativo ou nos argumentos de autoridade extraídos de nossa literatura.

Na esteira do que bradava Barbosa Moreira, o conhecimento sobre o direito processual, em relevantes situações, demanda uma investigação mais aprofundada da realidade da aplicação da norma e do cenário judiciário, os quais serão interpretados e aplicados, a partir de dados sobre os casos concretos extraídos a partir de cuidadosas análises empíricas quantitativas e qualitativas.

A pesquisa que deu origem a este livro vai além das meras promessas de reforma e da euforia de parte da literatura em relação ao alcance e às consequências concretas do instituto processual estudado. Submete a aplicação do artigo 334 do CPC a rigoroso e adequado teste empírico, tomando o dever-ser normativo e doutrinário como hipótese a ser testada, com a finalidade de entender quais fatores estariam relacionados a um inusitado e comprovado fato processual: a não designação *contra legem* da audiência obrigatória de mediação e conciliação em processos de conhecimento pelo rito comum tramitando nas varas cíveis da comarca do Recife (PE).

Contribui com clareza e linguagem simples e objetiva para o avanço no entendimento do comportamento judicial e dos diversos fatores relacionados à efetividade concreta e ao regular funcionamento da referida norma processual, sem recorrer a promessas vazias ou a argumentos de autoridade. O conhecimento sobre as muitas portas da justiça passa necessariamente por identificar caminhos trancados ou em mau funcionamento, bem como revelar ao público as dificuldades de sua abertura pelo aparelho judiciário. Algo que este livro mostra claramente, embasado em fortes evidências empíricas.

Boa leitura.

Recife, 27 de janeiro de 2022.

José Mário Wanderley Gomes Neto
Professor no Programa de Pós-Graduação em Direito da Universidade Católica de Pernambuco (PPGD/Unicap). Pesquisador líder do U.Data – Laboratório de Pesquisas Empíricas em Direito (CNPq/Unicap).

Este livro tem como temática central a audiência de conciliação e mediação, prevista no art. 334 do Código de Processo Civil de 2015, também a chamada audiência inicial, de designação obrigatória, salvo as hipóteses expressamente previstas no referido Código, e anterior ao início do curso do prazo para defesa do réu.

O CPC/15, através do seu art. 334, traz duas novidades para o procedimento comum em relação ao procedimento ordinário do código anterior: a) antes, a parte ré era citada para contestar. Hoje, para comparecer à audiência; b) a audiência de conciliação/mediação não era obrigatória, ficando a cargo do juiz designá-la. Hoje, a lei impõe sua realização em momento prévio à apresentação da resposta do réu, salvo raras exceções.

O referido dispositivo legal vem gerando muita controvérsia doutrinária, na medida em que muitos operadores do direito entendem que a autocomposição – finalidade precípua da audiência na maior parte dos casos – é de baixíssima probabilidade de êxito, o que torna o andamento da maior parte dos processos ainda mais moroso. Diante disso, muitos juízos cíveis têm dispensado a audiência inicial.

A partir daí, uma série de questões nos impulsionam a imergir na problemática deste livro e procuraremos respondê-las com o cuidado metodológico de realizar alguns recortes diante de análises empíricas. Uma delas é: as audiências têm proporcionado bons índices de acordo? Quando designadas as audiências, as partes têm comparecido? Os casos em que há dispensa da audiência estão alinhados com as hipóteses previstas no Código de Processo Civil? Se não, os juízes têm poderes para afastar a norma posta na lei nesses casos? Há fatores processuais – não expostos na fundamentação das decisões que dispensam as audiências – que influenciam diversos juízes a não realizarem a audiência prevista no art. 334 do CPC?

Como se pode perceber, trata-se de uma abordagem que objetiva apresentar análises multimétodos a uma matéria carente deste tipo de aprofundamento. Em determinado ponto do trabalho, mostraremos que não há dados oficiais publicados acerca das audiências do art. 334 do CPC, tampouco acerca do comportamento judicial no sentido de cumprir ou não a regra. Pelo contrário, muitos dados encontrados misturam essas audiências com outras de naturezas distintas (realizadas em diferentes fases do processo ou versando sobre matérias distintas ou, ainda, com dados de acordos realizados extrajudicialmente sem que tenha sequer havido uma audiência).

O preocupante é que o CPC aprovado há poucos anos parece ter inserido a norma em debate sem uma investigação séria acerca de sua necessidade ou da melhor forma de implementação, o que tende a trazer sérias consequências das ordens financeiras e organizacionais aos tribunais, que, para atender à norma, precisam de mais servidores, espaço físico, estrutura, etc.

E, para completar, mesmo após alguns anos de vigência do Código, e diversos escritos de natureza dogmática (ou nada mais que artigos de opinião) sobre a temática, parecem não ter sido desenvolvidas pesquisas empíricas sérias que deem suporte a uma crítica ou defesa do instituto das audiências obrigatórias de conciliação e mediação no início do procedimento comum.

Para a discussão das problemáticas postas, adotaremos metodologia mista, historiográfica, dogmática e empírica (qualitativa e quantitativa). Inicialmente, foi realizada uma revisão sistemática da literatura e da legislação acerca da reforma processual em prol dos métodos adequados de solução dos conflitos (capítulo 1), seguida de pesquisa historiográfica acerca da evolução da legislação processual no que tange às audiências obrigatórias no início do processo (capítulo 2). Depois, partiu-se à análise de cunho dogmático acerca das disposições inerentes à audiência inicial e obrigatória de conciliação e mediação (capítulo 3) e da argumentação *contra legem* no direito processual brasileiro (capítulo 4).

Em seguida, foi feita uma análise descritiva para conhecimento dos dados acerca da eficiência dessas audiências iniciais, como o percentual de audiências designadas e realizadas, os índices de acordo, averiguação se houve aplicação de multa processual à parte que esteve ausente na audiência e o perfil dos litigantes que mais transacionaram (capítulo 5). Como um estudo empírico deve se dar a partir de um corte metodológico, diante da impossibilidade de se analisar todo o universo, foi escolhida a comarca do Recife/PE, investigando-se as questões no âmbito das 68 varas cíveis do Tribunal de Justiça de Pernambuco, entre o período de 18 de março de 2017 (exatamente 1 ano após a entrada em vigor do CPC/15) e 18 de março de 2019. Vale frisar que foi analisada amostra representativa do universo de ações que tramitam sob o rito do procedimento comum, uma vez que a aplicabilidade do art. 334 do CPC, nos procedimentos especiais pode gerar controvérsias que enviesem os resultados da pesquisa pretendida.

Com o mapeamento de diversas questões que permeiam essas audiências judiciais, foi possível identificar se a norma processual objeto desta pesquisa tem gozado – ao menos no tribunal pesquisado – de eficiência. Em outras palavras: poderemos perquirir se a norma inserida no CPC/15 favoreceu as técnicas autocompositivas no processo civil brasileiro.

Por fim, realizamos uma análise exploratória das razões de dispensa das audiências preliminares em varas cíveis da comarca do Recife – Tribunal de Justiça do Estado de Pernambuco (capítulo 6, até o item 6.4). Em seguida, foi feita uma análise descritiva através do uso da ferramenta quantitativa da *logit* (análise por regressão logística), aplicada para testar a hipótese referente à suposta associação entre fatores processuais diversos e a não realização das audiências (capítulo 6, item 6.5). Nessa parte do trabalho, procuramos identificar se a presença de alguns fatores processuais – como tipo de litigante e valor da causa (que não são mencionados na decisão como fundamentos da dispensa) – contribuem para a não designação da audiência por parte do juízo cível.

CAPÍTULO 1

A REFORMA PROCESSUAL EM PROL DOS MEIOS ADEQUADOS DE SOLUÇÃO DE CONFLITOS A PARTIR DO CÓDIGO DE PROCESSO CIVIL DE 2015

1.1 Conflito e sociedade

O objeto da reforma processual em foco neste trabalho é o arranjo da conciliação e da mediação no âmbito do procedimento comum – mais especificamente, o teor do art. 334 do Código de Processo Civil. Contudo, o enfoque desse dispositivo não pode ser feito desgarrado de uma análise da sistemática de resolução dos conflitos, razão pela qual cabe-nos entender, inicialmente, acerca do surgimento do conflito.

Um conflito surge quando ocorrem atividades incompatíveis, que podem se originar em uma pessoa, em uma coletividade ou em uma nação. "Uma ação incompatível com outra impede, obstrui, interfere, danifica ou de alguma maneira torna a última menos provável ou menos efetiva" (DEUTSCH, 2004, p. 35).

Para trazer os conflitos a um nível de "domesticação" que possibilite a continuidade da vida em sociedade, a solução clássica é a intervenção do Estado, na esfera do Poder Judiciário. Mais apropriadamente, os conflitos sociais não são necessariamente eliminados, mas trazidos para um nível de suportabilidade que permita a própria permanência social (FERRAZ JÚNIOR, 1989, p. 281).

Da ideia exposta acima, pode-se perceber que a tendência institucional não é de eliminação de conflito, mas sim de redução deste a níveis suportáveis para o convívio em sociedade.[1]

O que a doutrina tem observado é que uma visão de conflito que dá enfoque ao seu aspecto jurídico pode ser um empecilho para quem quer resolvê-lo ou domesticá-lo em definitivo. O problema é que isso tem sido a tônica, muitas vezes, no processo judicial. Quando os sujeitos envolvidos no processo abordam o conflito como se fosse um fenômeno jurídico e tratam exclusivamente daqueles interesses juridicamente tutelados, tendem a excluir aspectos do conflito que podem ser tão importantes quanto ou até mais relevantes do que aqueles juridicamente tutelados (BRASIL, 2016-B, p. 55). É o exemplo clássico dos pais que discutem a guarda de um filho e, após a sentença, o conflito chega a piorar, desencadeando uma alienação parental por parte de quem lograr em ter a guarda mediante a decisão judicial. A questão jurídica em tantos casos é somente a "ponta de um iceberg" de questões afetivas, psicológicas, sociais, econômicas, etc.

Porém, ainda há uma questão cultural no seio da formação jurídica no Brasil, altamente voltada para a litigiosidade, que deve ser superada. Vejamos alguns dados empíricos a respeito.

Conforme relatório publicado pelo CNJ em 2011, o Judiciário foi o ambiente institucional mais utilizado para resolver conflitos de qualquer natureza (sendo responsável pela pacificação de 53,3% dos casos[2]) – além disso, também se vislumbrou uma considerável descrença na capacidade pacificadora não só dos órgãos jurisdicionais, mas dos principais agentes de pacificação social disponíveis. Dentre aqueles que não buscaram o Judiciário, verificou-se que a maior parte não procurou qualquer outro meio de

---

[1] Nesse âmbito, é importante lembrar que, apesar de a jurisdição ser uma resposta à necessidade de domesticação dos conflitos, esta não é sua única função. Isso porque, "jurisdição é a função atribuída a terceiro imparcial (a) de realizar o direito de modo imperativo (b) e criativo (reconstrutivo) (c), reconhecendo/efetivando/protegendo situações jurídicas (d) concretamente deduzidas (e), em decisão insuscetível de controle externo (f) e com aptidão para tornar-se indiscutível (g)" (DIDIER JR., 2017, p. 173). Dessa noção, extraímos também os institutos de jurisdição voluntária (artigos 719-770, CPC).

[2] Conforme o levantamento, compõem os outros 46,7%: amigo, parente ou igreja (7,1%), Polícia (5,4%), Procon (5,3%), Advogado Particular ou Defensoria Pública (11,8%), Sindicato ou Associação (1,5%), Ministério Público (0,6%) e outros (15%).

solucionar o conflito (como Procon, Polícia, sindicatos, associações, igrejas, etc.) (BRASIL, 2011, p. 17-18). Trata-se de relevante constatação feita pelo Conselho Nacional de Justiça, que alerta os operadores do direito para a problemática dos meios adequados (sobretudo os extrajudiciais) de solução dos conflitos.

Outro dado relevante mostra como a cultura de judicialização desenfreada afeta a resolução de conflitos nas relações de consumo: 40% dos usuários que acionam a empresa Mercado Livre (maior *marketplace* da América Latina) nos Juizados Especiais não fizeram nenhum contato prévio ou reclamação perante a ouvidoria, índice que, no Rio de Janeiro, chega a 56% (SIQUEIRA; CHIESI FILHO, 2018, p. 468).[3]

Embora muitas vezes seja vista de forma negativa, "a ocorrência do conflito previne a estagnação, estimula o interesse e permite a manifestação de problemas em busca de sua solução, constituindo a raiz de mudanças pessoais e sociais" (TARTUCE, 2018, p. 6). "Dessa forma, uma das funções criativas do conflito reside na sua capacidade de gerar motivação para resolver um problema que pode, de outra forma, não ser investigado" (DEUTSCH, 2004, p. 61). Eis porque, mesmo que se entenda como utopia pensar que os conflitos são totalmente elimináveis ou que podemos chegar a um estado de completa pacificação social, podemos trabalhar com ferramentas de administração ou de transformação dos conflitos. Se bem aplicados, métodos, como mediação, conciliação, negociação, arbitragem e a própria autotutela, que serão tratados com mais pormenores no item 1.2.2, podem servir ao escopo construtivo do conflito.

Em que pese o Código de Processo Civil, em seu art. 3º, utilizar o termo "solução", também se refere aos meios consensuais como autocompositivos. Diante das noções de função criativa e gestão adequada dos conflitos ora trabalhados, prefere-se

---

[3] Também corrobora com a constatação de uma judicialização desenfreada o fato de o Mercado Livre possuir estrutura e canais para atender controvérsias entre vendedores e compradores previamente, inclusive com o suporte de mediadores, estipulando nas suas condições de uso o seguinte (item 19): "O Mercado Livre disponibiliza, gratuitamente aos usuários, uma estrutura para o tratamento de reclamações e também oferece, sem custos, uma equipe especializada que, além de mediar as controvérsias entre comprador e vendedor, pode ao final liberar o valor existente na conta Mercado Pago ao usuário vendedor ou devolver para o usuário comprador" (MERCADO LIVRE).

usar "composição" a "solução", por exprimir melhor a ideia de administração ou transformação do conflito (por exemplo, os conflitos jurídicos entre pessoas com relação de parentesco) (TARTUCE, 2018, p. 18).

> Em vez de uma finalização "artificialmente criada", resolvendo (pretensamente) a controvérsia com a imposição de desfecho por um ato isolado, a expressão indica a reorganização e a estruturação da situação em uma nova disposição. O vocábulo composição retrata melhor a resposta de cuja formulação participam concretamente os envolvidos na situação controvertida; a contribuição de todos, aliás, tende a colaborar para o encontro de saídas mais proveitosas e com maiores chances de aderência (TARTUCE, 2018, p. 19).

A partir de tal construção, foi-se percebendo que os diversos meios de composição de conflitos se complementam num sistema interligado, engendrado para adequar as controvérsias à forma mais efetiva de compô-las. Daí, surge a noção de Justiça Multiportas.

1.2 O sistema multiportas de composição de conflitos no Brasil

1.2.1 O sistema multiportas

A experiência tem demonstrado que a decisão judicial é um caminho, e não o caminho, razão pela qual hoje é preferível falar em meios adequados – e não mais alternativos – de resolução de conflitos, uma vez que o termo "alternativo" traz implicitamente a ideia de que há algo principal, preferencial – no caso, a própria decisão judicial (RIBEIRO, 2016, p. 29; DIDIER JR., 2017, p. 185).

> Sob a lógica desse novo modelo de Estado, a pacificação de conflitos deixa de ser um encargo estritamente jurisdicional (e, portanto, formal), exercido diretamente pelo Estado-Juiz (por meio do processo). Consequentemente, os métodos formais e informais de administração de conflitos perdem o *status* de polos autoexcludentes e passam a coexistir, abandonando a condição de duplo polo antagônico em oposição e oscilação (GORETTI, 2016, p. 80).

Na esteira da adequação dos meios compositivos, e não da alternatividade, nasce o sistema multiportas de Justiça:

> Na falta da organização da sociedade civil para resolver os seus conflitos por meios alternativos, o Judiciário passa a oferecer o sistema multiportas, na verdade, uma orientação sobre as diferentes alternativas para compor um litígio, e uma sugestão após o diagnóstico de cada caso sobre qual "porta" seria a mais adequada. [...] As portas sugeridas podem ser a arbitragem, a mediação, a avaliação neutra[4], ou mesmo o processo judicial. O sistema de multiportas assemelha-se à avaliação preliminar de conflitos. Diferenciam-se, pois este é serviço interno prestado pelo departamento jurídico de uma empresa, ou avaliação remunerada para particulares feita por juristas de modo particular. Gratuito, o sistema de multiportas é prestado pelo Estado, geralmente nos tribunais, antes de se iniciar um processo judicial (PAEZ, *et al*, 2004, p. 322-323).

A ideia apresentada acima é de um sistema estatal e gratuito de triagem do problema e encaminhamento ao melhor procedimento. A ideia de Tribunal Multiportas, por sua vez, surgida nos Estados Unidos, no ano de 1976, no Fórum de Múltiplas Portas (*Multidoor Courthouse* – FMP), (WAQUIM; SUXBERGER, 2018, p. 6), não se trata necessariamente de uma política pública ofertada no espaço físico do tribunal, conforme a fala de Frank Sander, o propositor da ideia, em diálogo com Mariana Crespo, posteriormente publicado pela FGV:

> Penso, por outro lado, que se trata de uma relação bastante natural, porque os tribunais são o principal local de que dispomos, talvez o mais importante, para a resolução de conflitos. Assim, podemos argumentar que o Tribunal Multiportas deveria estar ligado aos tribunais, mas tecnicamente o centro abrangente da justiça [ou Tribunal Multiportas] que eu citei poderia estar bem separado dos tribunais. É mais ou menos como a história de Willie Sutton, o ladrão de bancos, que, quando indagado por que roubava bancos, respondeu: "é lá que está o dinheiro". O tribunal é o lugar onde os casos estão, portanto nada mais natural do que fazer do tribunal uma das portas do Tribunal Multiportas – a ideia é essa. Mas pode acontecer de o tribunal estar aqui, e os outros processos

---

4   A avaliação neutra de terceiro também é chamada de avaliação imparcial antecipada. "Chegando as negociações a um impasse, antes de iniciar um outro método alternativo de resolução de disputas ou antes de ingressar no Judiciário, as partes podem querer ouvir a opinião de um especialista sobre a disputa. A avaliação dá confiança às partes de que as soluções por elas propostas são razoáveis (ou demonstra que são desarrazoadas), e o acordo feito com base tem mais respaldo, sendo defensável com a autoridade do avaliador contra críticas exteriores" (PAEZ, *et al*, 2004, p. 304).

> [arbitragem, medição etc.] estarem lá; não existe nada [no método] que possa evitar esse fato (SANDER, 2012, p. 33).

O termo "multiportas" remete à metáfora segundo a qual o jurisdicionado estaria numa antessala de frente a várias portas, que são as opções de composição de seu problema. Em uma porta teria a mediação, em outras, a conciliação, a arbitragem, a sentença judicial, a negociação, a autotutela (nos casos legalmente permitidos), entre outros. Para cada problema, há uma porta mais indicada, a que melhor o resolveria.

> O modelo de justiça multiportas propicia, portanto, o entrelaçamento construtivo entre as fórmulas de prestação jurisdicional e as demais técnicas de solução de conflitos, na busca de uma tutela mais efetiva para os direitos e interesses, colocando à disposição um conjunto de possibilidades de caminhos a serem seguidos na busca de resolução de disputas, com a escolha do melhor meio a ser seguido para cada caso (SILVA; XAVIER, 2018, p. 179).

No que tange à decisão sobre a "porta" (forma de lidar com a disputa) que vai atender a tempo e modo os interesses envolvidos, deve-se levar em consideração fatores como: "custos financeiros, celeridade, sigilo, manutenção de relacionamentos, flexibilidade procedimental, exequibilidade da solução, desgastes emocionais, adimplemento espontâneo do resultado e recorribilidade, entre outros" (TARTUCE, 2018, p. 73).

Dentre as "portas", que são os meios de composição de conflitos, mais utilizadas no Brasil, podemos fazer uma divisão em três categorias, de acordo com a forma pela qual se emprega a solução ao conflito: autotutela, autocomposição e heterocomposição. Não sendo o escopo deste trabalho a análise detalhada de cada uma dessas portas, traremos em abordagem única as principais diferenças e exemplos no item a seguir.

1.2.2 Autotutela x autocomposição x heterocomposição

A autotutela consiste na imposição da vontade de uma das partes, com o sacrifício do interesse da outra (DIDIER JR., 2017,

p. 186). Trata-se de instituto cuja origem remete à utilização da justiça privada, comumente atrelada ao uso da força. Possui dois traços característicos: a ausência de um juiz ou árbitro distinto das partes e a imposição da decisão por uma das partes à outra (CINTRA; GRINOVER; DINAMARCO, 2006, p. 27).

Via de regra, no Estado Democrático de Direito, a autotutela é vedada, havendo situações pontuais que autorizam seu uso (e, por vezes, são casos em que ela é, de fato, o mecanismo mais adequado para solucionar o impasse). Os principais exemplos estão no Código Civil: a ação em legítima defesa ou estado de necessidade[5], a ação do possuidor turbado ou esbulhado[6] e o corte de raízes e ramos de árvores do vizinho que ultrapassarem a estrema do imóvel.[7]

Outra tipologia desses métodos de solução de conflitos é a autocomposição, que consiste na "possibilidade de que as partes resolvam, isoladamente ou em conjunto, uma saída para o conflito, inexistindo a participação de terceiro com poder decisório para definir o impasse" (TARTUCE, 2018, p. 26). Nesse sentido, a autocomposição é gênero, do qual são espécies: a) a transação em sentido estrito (concessões ou reconhecimentos mútuos); b) a total submissão ou reconhecimento da procedência da pretensão alheia, e; c) a total renúncia ou reconhecimento de improcedência da própria pretensão. Há quem entenda que as três modalidades podem ser chamadas de "transação em sentido amplo" (WAMBIER; TALAMINI, 2016, p. 53).

Assim, a autocomposição pode ser bilateral ou unilateral. A primeira delas, também chamada de transação, pode se dar mediante a presença de um terceiro facilitador, cujos principais exemplos são a mediação e a conciliação, ou, ainda de modo direto entre as partes, que é o caso da negociação.

---

[5] Art. 188,
CC/02: Não constituem atos ilícitos:
I – os praticados em legítima defesa ou no exercício regular de um direito reconhecido;
II – a deterioração ou destruição da coisa alheia, ou a lesão à pessoa, a fim de remover perigo iminente.
[6] Art. 1.210, §1º, CC/02: §1º O possuidor turbado, ou esbulhado, poderá manter-se ou restituir-se por sua própria força, contanto que o faça logo; os atos de defesa, ou de desforço, não podem ir além do indispensável à manutenção, ou restituição da posse.
[7] Art. 1.283, CC/02: As raízes e os ramos de árvore, que ultrapassarem a estrema do prédio, poderão ser cortados, até o plano vertical divisório, pelo proprietário do terreno invadido.

Os métodos de condução e até as finalidades da mediação e conciliação não são os mesmos, o que impacta diretamente em atuações distintas entre o mediador e conciliador. Preocupado com a aplicação do procedimento adequado, seja na escolha da metodologia, seja na condução da sessão/audiência, o legislador do CPC/15 previu a seguinte distinção:

> Art. 165. ......
> §2º O conciliador, que atuará preferencialmente nos casos em que não houver vínculo anterior entre as partes, poderá sugerir soluções para o litígio, sendo vedada a utilização de qualquer tipo de constrangimento ou intimidação para que as partes conciliem.
> §3º O mediador, que atuará preferencialmente nos casos em que houver vínculo anterior entre as partes, auxiliará aos interessados a compreender as questões e os interesses em conflito, de modo que eles possam, pelo restabelecimento da comunicação, identificar, por si próprios, soluções consensuais que gerem benefícios mútuos.

Por serem o foco principal desta obra, mediação e conciliação serão analisadas e criticamente comparadas mais minuciosamente no próximo capítulo.

A negociação, cuja origem remete aos primórdios da humanidade, já que estamos a todo tempo negociando, tem se tornado comum no âmbito processual, sobretudo entre advogados quando vislumbram vantagens em não judicializar ou encerrar um processo antes que sobrevenha a decisão imposta por terceiro.

A negociação aplicada ao direito tem se desenvolvido bastante. Despontam adaptações ao modelo tradicional de negociação para facilitar a resolução da disputa em questão. A título exemplificativo, existe a proposta da "mediação sem mediador"[8] (CABRAL; CUNHA, 2016, p. 476-479) e dos mecanismos on-line de resolução de disputas, também conhecidos como *Online Dispute Resolution*[9] (SOU-

---

[8] A proposta, bastante aplicada em vários países e já introduzida no Brasil, conta com a presença de advogados e mandantes de parte a parte que tentarão, através de uma negociação integrativa, resolver a controvérsia. Os advogados comprometem-se a renunciar ao mandato e a não representar as partes judicialmente em caso de frustração do procedimento. Assim, não são mediadores, pois não têm dever de imparcialidade; por outro lado, não atuam apenas na defesa do interesse material do cliente, mas sobretudo com um recomendador ou defensor da eficiência do procedimento adotado (CABRAL; CUNHA, 2016, p. 479-481).

[9] Tem sido utilizado cada vez mais e não só na esfera privada. É o exemplo da plataforma www.consumidor.gov.br, gerida Secretaria Nacional do Consumidor do Ministério da

ZA; NICOLAU, 2018, p. 500-503). A cláusula geral de atipicidade dos negócios jurídicos processuais (art. 190, CPC[10]) tem despertado a advocacia para a realização desses ajustes no procedimento, afinal, "embora as partes não concordem, ao menos inicialmente, com qual deva ser a solução para aquele conflito, elas podem chegar a um acordo sobre a melhor forma de resolvê-lo" (PINHO; ALVES, 2016, p. 141), demonstrando-se que "convencionalidade e procedimentalização podem ser conceitos unidos neste propósito de engajamento participativo e consagração do processo como espaço democrático" (CABRAL, 2016, p. 170).

Já a autocomposição unilateral acontece de duas formas: a renúncia, realizada pelo autor, e o reconhecimento da procedência do pedido, pelo réu. Nesses casos, não há concessões mútuas: são atos de *submissão* à pretensão do outro voluntariamente, abdicando dos seus interesses (DIDIER JR., 2017, p. 187).[11]

As formas de autocomposição unilateral são situações inseridas no contexto de um processo em andamento. As formas bilaterais, por sua vez, podem ocorrer na seara extrajudicial. Quando um processo em andamento é encerrado pelas vias autocompositivas, requer-se a homologação judicial. O *caput* do art. 487, III, do CPC/15,[12] demonstra que a autocomposição serve para

---

Justiça (SENACON), gratuita e de fácil acesso, através da qual o consumidor reporta um problema relativo ao produto ou serviço adquirido, que é virtualmente direcionado à empresa, que entrará em processo de negociação para resolver a controvérsia.

[10] Art. 190. Versando o processo sobre direitos que admitam autocomposição, é lícito às partes plenamente capazes estipular mudanças no procedimento para ajustá-lo às especificidades da causa e convencionar sobre os seus ônus, poderes, faculdades e deveres processuais, antes ou durante o processo.
Parágrafo único. De ofício ou a requerimento, o juiz controlará a validade das convenções previstas neste artigo, recusando-lhes aplicação somente nos casos de nulidade ou de inserção abusiva em contrato de adesão ou em que alguma parte se encontre em manifesta situação de vulnerabilidade.

[11] Há doutrina que ainda arrola a desistência como forma autocompositiva unilateral (CINTRA; GRINOVER; DINAMARCO, 2006, p. 36; TARTUCE, 2018, p. 38-40). Assim como os autores citados no corpo do texto (WAMBIER; TALAMINI, 2016; DIDIER JR., 2017), discorda-se de tal entendimento, na medida em que a desistência não possui efeitos diretos no plano do direito material, mas somente importa o encerramento da discussão naquele processo. Assim, não é concebível pensá-la como meio de composição de conflitos, porque quem desiste não está efetivamente tratando o conflito, apenas está abrindo mão da discussão processual naquele momento.

[12] Art. 487. Haverá resolução de mérito quando o juiz:
III – homologar:
a) o reconhecimento da procedência do pedido formulado na ação ou na reconvenção;

extinguir com resolução de mérito, fazendo-se coisa julgada e título executivo judicial, tal como a sentença ou o acórdão.

A terceira forma de solução de conflitos é a heterocomposição: o meio de solução de conflitos em que um terceiro imparcial define a resposta com caráter impositivo em relação aos contendores (TARTUCE, 2018, p. 57). No direito brasileiro, manifesta-se através da atividade jurisdicional, da arbitragem e de alguns tribunais administrativos.

A jurisdição é uma das funções do Estado, mediante a qual este se substitui aos titulares dos interesses em conflito para, imparcialmente, buscar a pacificação com justiça. Essa pacificação é feita mediante a atuação da vontade do direito objetivo que rege o caso concreto. Assim, jurisdição é *poder*, *função* e *atividade* (DINAMARCO; BADARÓ; LOPES, 2021, p. 259). Poder, pois é manifestação do poder estatal, que age imperativamente, impondo decisões; função, porque é encargo dos órgãos estatais pacificar os conflitos mediante realização do direito através do processo; e atividade, já que, através do complexo de atos no processo, o juiz (e o árbitro, para quem entende que ele se encaixa neste conceito) exerce o poder e cumpre a função que lhe é atribuída legalmente.

Diferentemente da atividade jurisdicional realizada pelo juiz, obtida no âmbito do processo, que tem natureza pública, a arbitragem é forma adjudicatória de solução dos conflitos de natureza privada. Regulada pela Lei nº 9.307/96 e já declarada constitucional pelo Supremo Tribunal Federal (BRASIL, 2001), a arbitragem é alvo de discussões doutrinárias acerca de sua natureza jurisdicional.

Para parte da doutrina, trata-se de renúncia da jurisdição que gera o impedimento ao exercício do direito de ação e, consequentemente, ausência do interesse de agir (THEODORO JR., 2015, p. 121; WAMBIER; TALAMINI, 2016, p. 54). Os que divergem de tal entendimento sustentam que o árbitro exerce jurisdição; a renúncia se dá unicamente à jurisdição exercida pelo Estado (NERY JR.; NERY, 2015, p. 234; DIDIER JR., 2017, p. 195).

---

b) a transação;
c) a renúncia à pretensão formulada na ação ou na reconvenção.

Outra forma heterocompositiva dos conflitos ocorre através dos processos administrativos. Em regra, há uma autoridade constituída pelo Poder Público, executivo ou legislativo (federal, estadual ou municipal), cuja finalidade normalmente é fiscalizatória, a exemplo do Procon, dos Conselhos Profissionais, das agências reguladoras, do Conselho Administrativo de Defesa Econômica (CADE). Estes são meios heterocompositivos que podem resolver o conflito, mas a validade da decisão não está livre de ser alvo de discussão judicial (DINAMARCO; BADARÓ; LOPES, 2021, p. 284) – pois, pela natureza heterocompositiva, deve-se observar o devido processo legal.

Apesar dessa capacidade de resolver conflitos pela heterocomposição, aos tribunais administrativos faltam os atributos da aptidão para a coisa julgada material e da insuscetibilidade de controle externo, razão pela qual não se pode dizer que são dotados de jurisdição (DIDIER JR., 2017, p. 192).

1.2.3 O movimento pela implantação de um sistema multiportas no Brasil

Inicialmente, é possível perceber esforços por parte do Poder Público para fomentar diferentes ferramentas de solução de conflitos – valendo destaque para as consensuais. Em item próprio, destrincharemos a evolução legislativa nesse sentido, com destaque à Resolução nº 125/2010 do CNJ, que estabeleceu balizas para a efetivação de políticas públicas em prol dos meios autocompositivos, através de uma "rede constituída por todos os órgãos do Poder Judiciário e por entidades públicas e privadas parceiras, inclusive universidades e instituições de ensino" (art. 5º).

Para desenvolver essa rede, caberá ao CNJ uma série de ações, tais como: a) estabelecer diretrizes para implementação da política pública de tratamento adequado de conflitos a serem observadas pelos tribunais; b) desenvolver conteúdo programático mínimo e ações voltadas à capacitação em métodos consensuais de solução de conflitos, para magistrados da Justiça Estadual e da Justiça Federal, servidores, mediadores, conciliadores e demais facilitadores; c) regulamentar, em código de ética, a atuação dos conciliadores, mediadores e demais facilitadores da solução consensual de controvérsias; d) buscar a cooperação dos órgãos públicos competentes e das instituições públicas e privadas da área de ensino para a criação de disciplinas que propiciem o surgimento da cultura da solução pacífica dos conflitos, bem como, nas Escolas de Magistratura, a criação de módulo voltado aos métodos consensuais de solução de conflitos, no curso de iniciação funcional e no curso de aperfeiçoamento; e) estabelecer interlocução com a Ordem dos Advogados do Brasil, defensorias públicas, procuradorias e Ministério Público, estimulando sua participação nos Centros Judiciários de Solução de Conflitos e Cidadania e valorizando a atuação na prevenção dos litígios; f) realizar a gestão junto às empresas, públicas e privadas, bem como junto às agências reguladoras de serviços públicos, a fim de implementar práticas autocompositivas e desenvolver acompanhamento estatístico, com a instituição de banco de dados para a visualização de resultados, conferindo selo de qualidade; g) criar Cadastro Nacional de Mediadores Judiciais e Conciliadores visando interligar os cadastros dos Tribunais de Justiça e dos Tribunais Regionais Federais, nos termos do art. 167 do Novo Código de Processo Civil combinado com o art. 12, §1º, da Lei de Mediação; h) monitorar, inclusive por meio do Departamento de Pesquisas Judiciárias, a instalação dos Centros Judiciários de Solução de Conflitos e Cidadania, o seu adequado funcionamento, a avaliação da capacitação e treinamento dos mediadores/conciliadores, orientando e dando apoio às localidades que estiverem enfrentando dificuldades na efetivação da política judiciária nacional instituída pela Resolução, entre outros (art. 6º).

Aos tribunais, ficou instituído o dever de cooperar com essa rede, principalmente com a criação de Núcleos Permanentes de Métodos Consensuais de Solução de Conflitos (NUPEMEC) e de Centros Judiciários de Solução de Conflitos (CEJUSC), conforme os arts. 7º e 8º da Resolução 125/2010 do CNJ.

Em suma, o NUPEMEC é o órgão que concretiza as principais ações da "rede" liderada pelo CNJ no tribunal local (por exemplo: planeja e implementa ações, promove capacitação, treinamento e atualização dos magistrados, servidores, mediadores e conciliadores, propõe convênios e parcerias com entes públicos e privados). Por sua vez, os CEJUSCs são os órgãos responsáveis pela realização ou gestão das sessões e audiências de conciliação e mediação que estejam a cargo de conciliadores e mediadores, bem como pelo atendimento e orientação ao cidadão.

As políticas públicas implantadas desde 2010 eram tímidas se considerado o que se efetivou após o ano de 2015. Trata-se de ano emblemático para os meios autocompositivos, podendo-se atribuir essa "virada de chave" à aprovação do Código de Processo Civil e da Lei de Mediação.

Conhecido pelo prestígio dado aos meios consensuais, é possível perceber um aumento exponencial do número de CEJUSCs a partir do ano de promulgação do novo código de ritos:

> Na Justiça Estadual, havia, ao final do ano de 2018, 1.088 CEJUSCs instalados. [...] Esse número tem crescido ano após ano. Em 2014, eram 362 CEJUSCs, em 2015, a estrutura cresceu em 80,7% e avançou para 654 centros. Em 2016, o número de unidades aumentou para 808 e em 2017 chegou a 982 (BRASIL, 2019-A, p. 142).

Esse crescimento observado tende a estar relacionado com dois dispositivos novos em relação ao CPC/73: os artigos 334 e 695 do CPC/15. Eles estipulam, respectivamente, a realização obrigatória de audiências de mediação ou conciliação nos procedimentos comum e de família. Embora haja algumas exceções para o primeiro caso, as ações cíveis e de família ainda formam um grande volume nas justiças estaduais, sendo necessário aos tribunais aumentar e melhorar a estrutura para atender a essas exigências.[13]

Ainda sobre o CPC/15, é digno de destaque o art. 3º, dispositivo que demonstra a vontade do legislador em fomentar a mentalidade da Justiça multiportas para todos os sujeitos do processo:

> Art. 3º Não se excluirá da apreciação jurisdicional ameaça ou lesão a direito.
> §1º É permitida a arbitragem, na forma da lei.
> §2º O Estado promoverá, sempre que possível, a solução consensual dos conflitos.

---

[13] Conforme o §2º do art. 8º da Resolução nº 125/10 do CNJ: Nos tribunais de Justiça, os Centros deverão ser instalados nos locais onde existam 2 (dois) Juízos, Juizados ou Varas com competência para realizar audiência, nos termos do art. 334 do Novo Código de Processo Civil. (Redação dada pela Emenda nº 2, de 08.03.16).

> §3º A conciliação, a mediação e outros métodos de solução consensual de conflitos deverão ser estimulados por juízes, advogados, defensores públicos e membros do Ministério Público, inclusive no curso do processo judicial.

O dispositivo acima foi além de simplesmente reproduzir o art. 5º, XXXV, da Constituição Federal[14] (cujo termo "apreciação" refere-se apenas a Poder Judiciário), abrangendo, nos seus três parágrafos, a arbitragem e os métodos consensuais de solução das controvérsias como ferramentas de composição de conflitos. O §2º, por exemplo, traz um dever do Estado de velar pela solução consensual. Tal opção é uma resposta a um cenário de litigiosidade desenfreada e mal triada desde o começo – a orientação jurídica dos advogados, públicos e privados:

> A mescla dessas técnicas de dimensionamento de litígios se faz momentaneamente necessária pela atávica característica do cidadão brasileiro de promover uma delegação da resolução dos conflitos ao judiciário, fato facilmente demonstrável pela hiperjudicialização de conflitos, mesmo daqueles que ordinariamente em outros sistemas são resolvidos pela ingerência das próprias partes mediante autocomposição (THEODORO JR.; NUNES; FRANCO; PEDRON, 2015, p. 179).

Outra importante porta do sistema, a arbitragem, regulamentada pela Lei nº 9.307/96, também vem em uma crescente nos últimos anos, conforme levantamento comparativo feito com seis renomadas câmaras arbitrais de São Paulo, Rio de Janeiro e Belo Horizonte.

> Em 2010, o número de arbitragens nas 6 câmaras pesquisadas era de 128 casos novos. Em 2017 foram 275 novas arbitragens, o que representa um aumento de 114,84% no número de procedimentos novos entrantes.
>
> No período de 8 anos (2010-2017) o número de arbitragens nas seis Câmaras pesquisadas atingiu o patamar de 1567 casos novos entrantes. Desse total verifica-se que: CCBC respondeu com 45,37%, CAM – CIESP/FIESP com 21,44%, CAM/FGV com 11,82% e CAMARB com 10,21% das arbitragens entrantes no período (LEMES, 2018, p. 2).[15]

---

[14] Art. 5º, XXXV: a lei não excluirá da apreciação do Poder Judiciário lesão ou ameaça a direito.

[15] Os números continuaram elevados nos anos seguintes. Em 2018, foram iniciadas nas câmaras indicadas 292 novas arbitragens e, em 2019, foram 289 novos procedimentos (LEMES, 2020, p. 2).

Como já citado, o próprio idealizador do modelo multiportas não propôs que o modelo fosse limitado a ações estatais, sob pena de sua falência. Pelo contrário, sustenta que a Justiça Multiportas é uma ideia que se concretiza também fora do tribunal: nos escritórios, nas câmaras privadas de mediação e arbitragem, etc. Requer-se, portanto, uma cooperação de todos os sujeitos envolvidos. Por isso, pouco ou nada adiantam os avanços obtidos em relação à mediação e à arbitragem se não há uma mudança de cultura que parta da advocacia.

Ao advogado de hoje não se exige tão somente a habilidade de litigar no Poder Judiciário, mas também uma postura de escolha de mecanismos enxutos e eficientes em termos de custos e tempo, propondo a transformação do problema em solução jurídica final prática, útil e economicamente atraente (SCHMIDT; CAMPOS, 2018, p. 285).

Se, no século XX, acreditava-se que "o advogado é o primeiro juiz da causa" (célebre jargão atribuído a Francesco Carnelutti), hoje em dia é certo que não basta ao bom exercício da advocacia atuar como primeiro juiz. A triagem inicial por parte do advogado requer uma visão macro, que vá além de se perguntar se vale ou não a pena judicializar ou quais seriam as consequências oriundas de um eventual processo instaurado. Evitar a judicialização em muitos casos não é questão de altruísmo. Como componente indispensável à administração da Justiça, é consectário lógico e necessário de uma das missões precípuas do advogado: ser um instrumento de realização de justiça, ao proporcionar ao cliente as melhores oportunidades para a superação das controvérsias[16] (LIMA; PELAJO, 2016, p. 227).

Desse modo, o sistema de Justiça Multiportas, que vem sendo paulatinamente estimulado no Brasil, requer atuação de todos os operadores do direito. De nada adiantam as políticas públicas ou as parcerias com entes públicos e privados sem a cooperação daqueles agentes que têm o primeiro contato com o cidadão.

---

[16] Nesse sentido, o art. 48, §5º do *Novo Código de Ética da OAB* (Resolução nº 02/2015): "É vedada, em qualquer hipótese, a diminuição dos honorários contratados em decorrência da solução do litígio por qualquer mecanismo adequado de solução extrajudicial (OAB, 2015)."

Portanto, a incrementação do modelo multiportas relaciona-se diretamente com a noção mais moderna de Acesso à Justiça. Por isso, os investimentos em prol da consolidação da justiça multiportas brasileira levam a uma ampliação do Acesso à Justiça, quantitativa – mais opções e estrutura para resolver conflitos – e qualitativamente – ferramentas mais adequadas para cada conflito.

1.3 O Acesso à Justiça no modelo multiportas do Brasil

Nossa Constituição Federal garante a inafastabilidade da tutela jurisdicional como verdadeiro direito fundamental, nos termos do seu art. 5º, XXXV ("a lei não excluirá da apreciação do Poder Judiciário lesão ou ameaça a direito"). Isso quer dizer que, mesmo diante de um sistema multiportas, a "porta" da heterocomposição na seara judicial nunca poderá se fechar a um conflito – ainda que não seja a mais adequada para solucioná-lo.

Porém, desde já, cabe questionarmos se só porque tal garantia é encoberta pela Constituição Federal, ela necessariamente precisa ser utilizada para resolver um provável surgimento de litígio (SILVA; SPENGLER; DURANTE, 2015, p. 11). A resposta é negativa. E, com isso, a processualística desenvolve a adequada interpretação dessa garantia processual.

Com efeito, boa parte da doutrina afirma que o mesmo princípio da inafastabilidade da jurisdição, também expresso no art. 3º, *caput*, do CPC, compreende a inafastabilidade do direito de ação ou do Acesso à Justiça (ALVIM, 2018, p. 211). O Acesso à Justiça, pois, seria um direito fundamental protegido pelo art. 5º, XXXV, da CF/88. Cabe delimitar, então, que *justiça* seria essa à qual se refere a doutrina ao se debruçar sobre esse direito fundamental.

As bases do modelo de Acesso à Justiça que inspira o direito brasileiro foram lançadas no chamado Movimento Universal do Acesso à Justiça, orquestrado por Mauro Cappelletti. Diante dos problemas que obstam o Acesso à Justiça desde o século passado, propôs-se um movimento reformista focado em três ondas: a primeira, referente à assistência judiciária gratuita; a segunda, à tutela dos interesses difusos e coletivos; e a terceira, às adequações processuais necessárias para que os conflitos sejam resolvidos (CAPPELLETTI; GARTH, 1988, p. 12-27).[17]

Mais especificamente a terceira onda "reconhece a necessidade de correlacionar e adaptar o processo civil ao tipo de litígio". Caso a caso, diferentes barreiras ao acesso podem ser mais evidentes e diferentes soluções, mais eficientes (CAPPELLETTI; GARTH, 1988, p. 26). Nesse contexto, os "métodos alternativos" são mencionados (com especial ênfase à arbitragem e à conciliação) como ferramentas vantajosas de solução de conflitos, a depender do caso (CAPPELLETTI; GARTH, 1988, p. 30-32). Destacando o papel da advocacia judicial e extrajudicial, a proposta da terceira onda vai além, centrando sua atenção no conjunto geral de instituições e mecanismos, pessoas e procedimentos utilizados para processar e mesmo prevenir disputas (CAPPELLETTI; GARTH, 1988, p. 25).

Antes mesmo de sustentar que os métodos alternativos também concretizam o Acesso à Justiça, Cappelletti e Garth colocam como premissa o entendimento de que uma concepção moderna de Acesso à Justiça não pode se limitar à simples ideia de postular em juízo; não se trata, pois, de mero "acesso ao juiz", como era a tônica nos estados liberais burgueses dos séculos XVIII e XIX (1988, p. 4-6).

Hoje, diante da valorização que se tem dado ao modelo multiportas de gestão de conflitos, a ideia de Acesso à Justiça como acesso ao juiz ou ao Judiciário parece definitivamente superada. Isso porque a noção de justiça está muito mais atrelada a "valor, virtude, fundamento ético de equidade e igualdade a ser perseguido judicial ou extrajudicialmente, pouco importando a via utilizada para efeito de realização de direitos e interesses violados ou ameaçados de lesão" (GORETTI, 2016, p. 67).

> O acesso à justiça merece atenção especialmente considerando que não necessariamente coincide com o acesso ao Poder Judiciário; a garantia da inafastabilidade da prestação jurisdicional, importante conquista do Estado de Direito, não afasta a proposta de pensar em formas produtivas de compor as partes em conflito (TARTUCE, 2018, p. 2).

---

[17] A divisão em três ondas é feita porque é possível identificar obstáculos de acesso à justiça de três naturezas diferentes: a primeira onda visa resolver os obstáculos econômicos; a segunda, organizacionais; a terceira, os processuais (GORETTI, 2016, p. 83-90).

Nessa linha, compreende-se que o Acesso à Justiça deve ir além da garantia de inafastabilidade da jurisdição, não sendo adequado, numa ótica multiportas, enquadrá-los como sinônimos.

> Verifica-se, com frequência, certa confusão entre o princípio da inafastabilidade do controle jurisdicional e o direito de acesso à justiça. Porém, são figuras distintas. O primeiro é fruto da previsão inserida no artigo 5º, XXXV da Constituição Federal, ao determinar que a lei não excluirá da apreciação do Poder Judiciário lesão ou ameaça a direito. Tal previsão, de especial relevância para a estruturação de um efetivo modelo de Estado de Direito, garante a todos o acesso aos tribunais, mas jamais define que esta seria a única forma de realização da justiça. O paradigma maior, no entanto, é o de acesso à justiça, e que vai além dos estreitos limites da prestação jurisdicional estatal (SILVA; XAVIER, 2018, p. 175-176).

Como já demonstrado, não se trata de nenhuma novidade dizer que o Acesso à Justiça vai além da simples inafastabilidade da jurisdição, uma vez que, desde meados do século passado, os meios diversos da jurisdição fazem parte das ondas de Acesso à Justiça. A contribuição que pode ser atribuída ao surgimento do modelo multiportas de composição de conflitos para essa necessária superação das fronteiras do Poder Judiciário para a resolução dos conflitos reside na efetiva implantação de políticas públicas – sobretudo através de investimentos em estrutura e capacitação – em prol dos meios adequados de solução dos conflitos.

Apesar de a nossa Constituição Federal ter sido promulgada em 1988, quando os estudos acerca da aplicabilidade dos métodos adequados de solução de conflitos não eram tão desenvolvidos – note-se que uma das maiores referências no tema Acesso à Justiça do século passado, Mauro Cappelletti, ainda os chamava "alternativos" –, não há qualquer óbice em reconhecer que os meios adequados não jurisdicionais de solução aos conflitos foram recepcionados pela Carta Magna como "microgarantias" fundamentais concretizadoras da norma do art. 5º, XXXV, visto que, sempre que se mostram como meios que melhor solucionam o conflito, cooperam com a efetivação da "macrogarantia" de inafastabilidade do Estado na solução de lesão ou ameaça a direito.

Considerando que o Acesso à Justiça compreende o acesso aos diversos meios de composição de conflitos sob a ótica da adequação, vale questionar por que decidiu o legislador do CPC/15 por instituir audiências judiciais obrigatórias de conciliação e mediação. Nos próximos capítulos, analisaremos tais formatos de audiência – em especial o previsto no art. 334 do CPC – por meio de revisão de literatura e pesquisa legislativa, sob o prisma do sistema multiportas de justiça.

UM OLHAR HISTÓRICO: AS TENTATIVAS OBRIGATÓRIAS DE CONCILIAÇÃO NO INÍCIO DO PROCESSO JÁ FIZERAM SENTIDO ALGUMA VEZ NO BRASIL?

2.1 Tentativas de conciliação prévias e obrigatórias: uma novidade? A proposta da historiografia da evolução dos métodos autocompositivos no Brasil

Eu vejo o futuro repetir o passado
Eu vejo um museu de grandes novidades
O tempo não para
Não para, não, não para!
(Cazuza, O tempo não para)

Audiências de conciliação obrigatórias em fase inicial do processo, tal como as previstas no art. 334 do Código de Processo Civil (analisado pormenorizadamente no item 2.3) "vira e mexe" são tidas como uma novidade no direito brasileiro.

Mas a novidade mais preocupante neste tema devido aos impactos imediatos na estrutura do Poder Judiciário é a criação, como regra, de audiência de conciliação/mediação como ato inicial do procedimento comum, ou seja, antes da apresentação da contestação pelo réu (CABRAL, 2017, p. 160).[18]

Como já dito, o polêmico instituto objeto desta obra (art. 334 do CPC) inova em relação ao Código de Processo Civil anterior por duas razões: a) a realização em momento *anterior* à defesa do réu, e b) a *obrigatoriedade* em sua designação, salvo duas exceções, analisadas mais à frente. Contudo, estaríamos diante de um instituto verdadeiramente inovador?

Daí surge a importância de um olhar cuidadoso para a história da legislação das políticas de autocomposição no Brasil, na busca por "pistas" que nos levem a entender as razões para a previsão das audiências prévias de realização obrigatória com o fim exclusivo de se tentar uma autocomposição. Em outras palavras, se, quando da aprovação do Código em 2015, o ordenamento processual, bem como as condutas de seus principais atores, mostrava-se condizente com essa reforma.

A importância da pesquisa historiográfica reside no reconhecimento de que a História é fundamental para explicar acontecimentos e estruturas existentes em qualquer sociedade (PIERANTI, 2008, p. 1). Para isso, faz-se o levantamento de um corpo documental homogêneo, selecionado a partir de critérios de recortes temporal e espacial (LEIPNITZ, 2017, p. 225).

Assim, pesquisou-se nos principais documentos legislativos nacionais ao longo da história a previsão de métodos autocompositivos de resolução de conflitos. Para tanto, foram consultados vários diplomas processuais (Ordenações Portuguesas, Constituições da República, Códigos de Processo Civil e legislação especial sobre o tema), utilizando ferramenta de busca para os seguintes termos: "conciliação", "mediação", "composição", "*concili*", "acordo" e "paz". Também foi utilizada a doutrina focada nesses métodos autocompositivos como suporte, seja para refinar as buscas legislativas, seja para fins de realizar uma análise crítica do material colhido e apresentado neste capítulo.

---

[18] Nesse sentido: "Uma das novidades do Novo Código de Processo Civil é o reconhecimento, o incentivo e a obrigatoriedade da utilização de métodos consensuais no processo brasileiro" (GEVARTOSKI, 2016, p. 417).

2.2 Análise da previsão de audiências de conciliação prévias e obrigatórias nas Ordenações Portuguesas

A busca feita nas ordenações consta de previsão de tentativa de conciliação no início do processo. Tal resultado se depreende da leitura das *Ordenações Manuelinas*, de 1514, no Livro III, Título XV, §1º (PORTUGAL, 1797) e Filipinas, de 1603, no Livro III, Título XX, §1º, (PORTUGAL, 1870):

> E no começo da demanda dirá o Juiz a ambas as partes, que antes que façam despezas, e se sigam entre elles os odios e dissensões, se devem concordar, e não gastar suas fazendas por seguirem suas yontades, porque o vencimento da causa sempre he duvidoso. E isto, que dissemos de reduzirem as partes à concordia, não he de necessidade, mas sómente de honestidade nos casos, em que o bem podérem fazer. Porém, isto não haverá lugar nos feitos crimes, quando os casos forem taes, que segundo as Ordenações a Justiça haja lugar. (SIC)

Ao que se pode perceber, trata-se de uma tentativa de conciliação "no começo da demanda". É tido como o primeiro ato processual do juiz no processo, prévio, inclusive, à análise do *libello ou petição per scripto ou per palavra* – correspondentes à petição inicial nos dias de hoje. Pode-se entender como uma fase pré-processual obrigatória (evidente através do verbo imperativo "dirá"), vez que era prevista para acontecer antes mesmo de analisado o pedido do autor e citado o réu.

Por outro lado, fica nítido o caráter de aconselhamento do magistrado diante dos custos da litigância e da explícita natureza moral (ou mesmo filantrópica) da conciliação, o que se percebe do trecho: "E isto, que dissemos de reduzirem as partes à concordia, não he de necessidade, mas sómente de honestidade nos casos, em que o bem podérem fazer". Nota-se, assim, que não era um ato tipicamente voltado à negociação das partes quanto aos seus interesses.

Por fim, vale destacar que esta fase pré-processual obrigatória se realizava na audiência designada com a finalidade de apresentação do termo correspondente à petição inicial pelo autor e formalização da citação do réu.[19]

---

[19] Os demais atos realizados na audiência posteriormente à tentativa de conciliação estão previstos nas Ordenações Filipinas de 1603 (livro III, título XX, §5º) nos seguintes termos:

2.3 Análise da previsão de tentativas de conciliação prévias e obrigatórias nas Constituições do Brasil

Analisando as Constituições Federais brasileiras, é possível perceber um movimento tímido no tocante à consolidação das políticas autocompositivas. Em relação às tentativas de conciliações prévias e obrigatórias, encontra-se previsão apenas na primeira Carta Magna, a de 1824, quando o regime político ainda era monárquico.

No art. 161 da Constituição Política do Império do Brasil, é possível notar que a tentativa da "reconciliação" era condição *sine qua non* para o início de um processo. Já no art. 162, em sentido contrário às Ordenações (que davam o encargo da pacificação aos juízes de direito), prevê-se a instituição do cargo de "Juiz de Paz" para conduzir a tentativa de reconciliação.

> Art. 161. Sem se fazer constar, que se tem intentado o meio da reconciliação, não se começará Processo algum.
> Art. 162. Para este fim haverá juizes de Paz, os quaes serão electivos pelo mesmo tempo, e maneira, por que se elegem os Vereadores das Camaras. Suas attribuições, e Districtos serão regulados por Lei.

A lei a que se refere o art. 162 acima transcrito veio a ser outorgada pelo imperador Dom Pedro I em 1827. De sua leitura, é possível perceber que os Juízes de Paz tinham diversas atribuições, inclusive em âmbito extrajudicial. Em matéria de conciliação, o art. 5º da referida lei dispunha:

> Art 5º. Ao Juiz de Paz compete:
> §1º Conciliar as partes, que pretendem demandar, por todos os meios pacíficos, que estiverem ao seu alcance: mandando lavrar termo do resultado, que assignará com as partes e Escrivão. Para a conciliação não se admitirá procurador, salvo por impedimento da parte, provado

---

"Oferecido o libello na audiencia, o Juiz o mandará lêr, para vêr se articula de certa quantia de fructo, rendimentos, ou interesses; e não se articulando de certa quantia, não receba o libello, e mandará fazer a dita declaração, porque as sentenças devem ser dadas sobre cousa certa. E depois de feita a declaração, ou não se tratando no libello de fructos, rendimentos, ou interesses, sem o mais vêr, nem mandar lêr, o receba naquella audiencia, ou quanto de Direito for de receuer. E por brevidade haverá demanda por contestada, e mandará ao réo, que venha com sua contrariedade à segunda audiencia."

tal, que a impossibilite de comparecer pessoalmente e sendo outrosim o procurador munido de poderes illimitidos.

A Constituição da primeira República brasileira, de 1891, não repetiu a previsão dessas tentativas de conciliação prévias e obrigatórias. A bem da verdade, na pesquisa dos termos mencionados no início deste capítulo, nada se encontrou na referida Constituição.

Já de 1934 a 1988, tímidas políticas de autocomposição de conflitos foram dispostas no texto constitucional, merecendo destaque o fato de não terem sido previstas, em nenhuma dessas Constituições, audiências prévias e obrigatórias.

Em 1934, os artigos 104, §4º, e 122, parágrafo único, instituem, respectivamente, a volta dos Juízes de Paz (cuja fixação das competências passava a ser incumbência dos Estados) e a criação das Comissões de Conciliação para a Justiça do Trabalho.[20]

A Constituição de 1937 também traz a previsão das Justiças de Paz criadas pelos Estados (art. 104), inovando ao prever a competência legislativa também dos estados de criar organizações públicas para conciliação extrajudiciária dos litígios e decisão arbitral.[21]

A Constituição de 1946 prevê a criação de Juntas ou Juízes de Conciliação e Julgamento na Justiça do Trabalho, em seu art. 122, III.[22] Tal dispositivo foi repetido *ipsis literis* na Carta Magna de 1967 (art. 133, III). Vale ressaltar que a matéria de conciliação nessas

---

[20] Art. 104 – Compete aos Estados legislar sobre a sua divisão e organização judiciárias e prover os respectivos cargos, observados os preceitos dos arts. 64 a 72 da Constituição, mesmo quanto à requisição de força federal, ainda os princípios seguintes: [...] §4º – Os Estados poderão manter a Justiça de Paz eletiva, fixando-lhe a competência, com ressalva de recurso das suas decisões para a Justiça comum.
Art. 122 – Para dirimir questões entre empregadores e empregados, regidas pela legislação social, fica instituída a Justiça do Trabalho, à qual não se aplica o disposto no Capítulo IV do Título I. [...] Parágrafo único – A constituição dos Tribunais do Trabalho e das Comissões de Conciliação obedecerá sempre ao princípio da eleição de membros, metade pelas associações representativas dos empregados, e metade pelas dos empregadores, sendo o presidente de livre nomeação do Governo, escolhido entre pessoas de experiência e notória capacidade moral e intelectual.

[21] Art. 18 – Independentemente de autorização, os Estados podem legislar, no caso de haver lei federal sobre a matéria, para suprir-lhes as deficiências ou atender às peculiaridades locais, desde que não dispensem ou diminuam as exigências da lei federal, ou, em não havendo lei federal e até que esta regule, sobre os seguintes assuntos: [...] d) organizações públicas, com o fim de conciliação extrajudiciária dos litígios ou sua decisão arbitral;

[22] Art. 122 – Os órgãos da Justiça do Trabalho são os seguintes: I – Tribunal Superior do Trabalho; II – Tribunais Regionais do Trabalho; III – Juntas ou Juízes de Conciliação e Julgamento.

Constituições encontrava-se unicamente dentro das disposições concernentes à Justiça do Trabalho.

Por fim, a Lei Maior de 1988 extinguiu as juntas ou juízes de conciliação na Justiça do Trabalho, mas previu que os Estados criariam os "Juizados Especiais e as Justiças de Paz", *in verbis*:

Art. 98. A União, no Distrito Federal e nos Territórios, e os Estados criarão:

> I – juizados especiais, providos por juízes togados, ou togados e leigos, competentes para a conciliação, o julgamento e a execução de causas cíveis de menor complexidade e infrações penais de menor potencial ofensivo, mediante os procedimentos oral e sumaríssimo, permitidos, nas hipóteses previstas em lei, a transação e o julgamento de recursos por turmas de juízes de primeiro grau;
> II – justiça de paz, remunerada, composta de cidadãos eleitos pelo voto direto, universal e secreto, com mandato de quatro anos e competência para, na forma da lei, celebrar casamentos, verificar, de ofício ou em face de impugnação apresentada, o processo de habilitação e exercer atribuições conciliatórias, sem caráter jurisdicional, além de outras previstas na legislação.

Previu-se, ademais, no art. 100, §20, da CF/88 também os "Juízos Auxiliares de Conciliação de Precatórios", que facilitariam as condições de pagamentos dos precatórios.

Atualmente, tramita no Congresso Nacional a PEC nº 108/2015, que, na esteira das normas fundamentais do CPC/15, propõe que se acrescente ao rol de direitos fundamentais do art. 5º o inciso LXXIX, com a seguinte redação "O Estado estimulará a adoção de métodos extrajudiciais de solução de conflitos" (BRASIL, 2015-B, p. 1).

Resta nítido, da breve análise ora realizada, que a tendência dos textos constitucionais foi a de incumbir às Justiças de Paz o encargo da autocomposição, tendo, eventualmente, previsto criação de juntas com este fim, mais especificamente na Justiça do Trabalho. Também se nota que apenas a Constituição de 1824 foi explícita quanto a uma obrigatoriedade de tentativa prévia de conciliação como condição de instauração do processo, tal como ocorrera no Brasil Colônia, regido pelas Ordenações Portuguesas.

Vale, assim, analisar se o fluxo de desobrigar audiências de conciliação prévias foi acompanhado pela legislação infra-constitucional.

2.4 Análise da previsão de audiências de conciliação prévias e obrigatórias na legislação infraconstitucional

No Império, ao tempo da vigência da única Constituição que instituiu tentativas obrigatórias de conciliação no início do processo civil, dois diplomas normativos acompanhavam a Constituição prevendo essas tentativas.

O primeiro é o Regulamento nº 737/1850, disciplinador do processo comercial no Império (GOUVEIA, 2014, p. 33; TARTUCE, 2018, p. 126), mais precisamente, no *caput* do art. 23, cujas hipóteses de exceção encontram-se nos seus parágrafos:

> Art. 23. Nenhuma causa commercial será proposta em Juizo contencioso, sem que previamente se tenha tentado o meio da conciliação, ou por acto judicial, ou por comparecimento voluntario das partes. Exceptuão-se:
> §1º. As causas procedentes de papeis de credito commerciaes, que se acharem endossados. (Art. 23 do Titulo unico Codigo);
> §2º. As causas em que as partes não podem transigir (cit. Art. 23), como os Curadores fiscaes dos fallidos durante o processo da declaração da quebra (Art. 838 Codigo), os administradores dos negociantes fallidos (Art. 856 Codigo), ou fallecidos (Art. 309 e 310 Codigo), os procuradores publicos, tutores curadores e testamenteiros;
> §3º. Os actos de declaração da quebra (cit. Art. 23);
> §4º. As causas arbitraes, as de simples officio do Juiz, as execuções, comprehendidas as preferencias e embargos de terceiro; e em geral só he necessaria a conciliação para a acção principal, e não para as preparatorias ou incidentes. (Tit. 7º Codigo).

O segundo é a Consolidação das Leis do Processo Civil, de 1876, elaborada pelo Conselheiro Antônio Joaquim Ribas (TARTUCE, 2018, p. 126), cujo art. 185 estabelece (*ipsis litteris*) que: "Art. 185. Em regra, nenhum processo póde começar sem que se faça constar que se tem intentado o meio de conciliação perante o Juiz de Paz".

O modelo de tentativas de conciliação obrigatórias no limiar do processo caiu não só com a ausência de previsão constitucional a partir de 1890, mas também no mesmo ano da primeira Constituição republicana, no qual foi baixado o Decreto nº 359 que, expressamente, revogou a obrigatoriedade (TARTUCE, 2018, p. 126).

> Art. 1º É abolida a conciliação como formalidade preliminar ou essencial para serem intentadas ou proseguirem as acções, cíveis e commerciaes, salva ás partes que estiverem na livre administração dos seus bens, e aos seus procuradores legalmente autorizados, a faculdade de porem termo á causa, em qualquer estado e instancia, por desistencia, confissão ou transacção, nos casos em que for admissivel e mediante escriptura publica, ternos nos autos, ou compromisso que sujeite os pontos controvertidos a juizo arbitral.

Interessante a leitura da exposição de motivos daquele decreto. Evidenciavam-se, desde já, experiências negativas com a obrigatoriedade, associando-se o baixo índice das conciliações com o aumento da demora do processo, bem como a nulidade de acordos forçados, realizados por coação moral para que as partes não sofressem com a incerteza e demora do processo. Foi sustentado também que a composição sobre direitos e interesses privados deveria ser escolhida livremente pelas partes entre diversos meios. Vejamos alguns trechos capitais:

> Que a instituição do juizo obrigatorio de conciliação importa uma tutela do Estado sobre direitos e interesses privados de pessoas que se acham na livre administração de seus bens e na posse da faculdade legal de fazer particularmente qualquer composição nos mesmos casos em que é permittido a conciliação, naquelle juizo, e de tornal-a effectiva por meio de escriptura publica, ou por termo nos autos e ainda em juizo arbitral de sua escolha;
> […]
> Que, entretanto, as despezas resultantes dessa tentativa forçada, as difficuldades e pro rastinação que della emergem para a propositura da acção, e mais ainda as nullidades procedentes da falta, defeito ou irregularidade de um acto essencialmente voluntario e amigavel, acarretadas até ao gráo de revista dos processos contenciosos, além da coacção moral em que são postos os cidadãos pela autoridade publica encarregada de induzi-los a transigir sobre os seus direitos para evitar que soffram mais com a demora e incerteza da justiça constituida, que tem obrigação legal de dar promptamente a cada um o que é seu;

Ao tempo do CPC/1939 (o primeiro Código Processual Civil de âmbito nacional), havia o reconhecimento da possibilidade de

CAPÍTULO 2 | 53

UM OLHAR HISTÓRICO: AS TENTATIVAS OBRIGATÓRIAS DE CONCILIAÇÃO NO INÍCIO DO PROCESSO...

encerramento do litígio por transação das partes, sem, contudo, haver qualquer regulamentação sobre como isso se daria, nem sobre um momento no processo ou sujeito processual responsável pelo encerramento do processo de outra forma que não fosse a decisão judicial. Analisando aquele Código, não se encontra sequer uma menção aos termos "conciliação" e "mediação", meios autocompositivos mais comuns.[23]

O termo "acordo", presente 65 vezes no Código de 1939, aparece na maior parte delas no contexto "de acordo com", não sendo possível referi-lo como meio de administração de conflitos. Porém, sobretudo nos procedimentos especiais, há a previsão desse termo no sentido de "composição por ato voluntário das partes". São eles: Art. 318, I (ação de consignação em pagamento); art. 332, §2º (ação de nulidade de patente de invenção e de marca de indústria e de comércio); art. 365 (ação renovatória de contrato de locação de imóveis destinados a fins comerciais); artigos 426 e 440 (divisão e demarcação); art. 494 (pagamento das dívidas); art. 502 (partilha); artigos 642 e 643 (desquite por mútuo consentimento); art. 967 (arrematação). O referido Código usa também o termo "transação" 6 vezes, designando-a em todas como uma forma de extinção do processo.

Em que pese as revogações ocorridas por força do Decreto 359/1890 e a inexistência de tentativa obrigatória de conciliação prévia no CPC/39, ainda é possível perceber que a lei 968/49, que regulou o desquite litigioso e de alimentos, previu tal possibilidade em seu art. 1º (BENVINDO, 2003, p. 334):

> Art. 1º Nas causas de desquite litigioso e de alimentos, inclusive os provisionais, o juiz, antes de despachar a petição inicial, logo que esta lhe seja apresentada, promoverá todos os meios para que as partes se reconciliem, ou transijam, nos casos e segundo a forma em que a lei permite a transação.

---

[23] Frise-se que, já no Decreto 737/1850, que instituiu o primeiro Código Comercial brasileiro, que contava com várias normas de natureza processual, não só se falava, em várias passagens, de "conciliação". Mas também o decreto trouxe uma série de novas normas no que tange à arbitragem, atualizando, neste tocante, o que já dispunham as Ordenações Filipinas (LIMA, 2018, p. 11-15).

No movimento legislativo iniciado no final do século anterior, optando por desobrigar as tentativas de conciliação *initio litis*, a Lei 968/49 parece ter sido a última lei civil que estipulou esse formato, que só seria retomado com o CPC de 2015. Em contrapartida a essa queda gradual da obrigatoriedade, é possível perceber que, no século XX, o direito processual brasileiro passa a estimular cada vez mais as formas autocompositivas de solução de conflitos. Não só os CPCs de 1939 e 1973, mas também veremos, a partir de agora, como a legislação processual caminhou nesse sentido.

A Lei nº 5.478/68, que regulamentou a ação de alimentos, dispôs a audiência de conciliação e julgamento, sendo dever do juiz tentar a conciliação antes (art. 9º)[24] e depois dos atos instrutórios (art. 11, parágrafo único).[25]

Em considerável avanço legislativo, o CPC/73 previu, no seu art. 448, o dever do juiz de tentar conciliar as partes no início da audiência de instrução (ou seja, antes de realizar qualquer ato de cunho instrutório).[26] Outrossim, no texto original, "conciliação" aparece 4 vezes e "conciliar" aparece 2 vezes. Ainda não havia, no entanto, o termo "mediação" como meio de composição de litígios. Outro destaque do CPC/73 foi a eficácia de título executivo judicial dada ao termo de conciliação (art. 584, III).[27]

Ao longo de sua vigência, o código de ritos de 1973 foi alterado diversas vezes até que, quando aprovado o novo CPC em 2015, os termos "conciliação" e "conciliar" já apareciam 15 e três vezes, respectivamente. Nesse âmbito, a Lei nº 8.952/94, previu pela primeira vez uma "audiência preliminar" com finalidade conciliatória e, se for o caso, saneadora, no art. 331, valendo ressaltar

---

[24] Art. 9º. Aberta a audiência, lida a petição ou o termo, e a resposta, se houver, ou dispensada a leitura, o juiz ouvirá as partes litigantes e o representante do Ministério Público, propondo conciliação. (Redação dada pela Lei nº 6.014, de 27/12/73)

[25] Art. 11. Terminada a instrução, poderão as partes e o Ministério Público aduzir alegações finais, em prazo não excedente de 10 (dez) minutos para cada um. Parágrafo único. Em seguida, o juiz renovará a proposta de conciliação e, não sendo aceita, ditará sua sentença, que conterá sucinto relatório do ocorrido na audiência.

[26] Art. 448. Antes de iniciar a instrução, o juiz tentará conciliar as partes. Chegando a acordo, o juiz mandará tomá-lo por termo.

[27] Art. 584. São títulos executivos judiciais: [...] III – a sentença homologatória de transação, de conciliação, ou de laudo arbitral.

que o momento de sua realização era após a defesa do réu. Assim era o seu rito:

> §1º. Obtida a conciliação, será reduzida a termo e homologada por sentença. (Incluído pela Lei nº 8.952, de 13.12.1994)
> §2º. Se, por qualquer motivo, não for obtida a conciliação, o juiz fixará os pontos controvertidos, decidirá as questões processuais pendentes e determinará as provas a serem produzidas, designando audiência de instrução e julgamento, se necessário. (Incluído pela Lei nº 8.952, de 13.12.1994)

A Lei nº 9.245/95, que criou o procedimento sumaríssimo, dispôs diversas vezes o propósito conciliatório nas causas de menor valor e inovou inserindo, pela primeira vez, a figura do conciliador como agente que poderia ajudar o juiz na audiência, conforme art. 277, §1º.[28] Nessa toada, a Lei 11.232/05 dispôs que também configurariam títulos executivos judiciais o acordo extrajudicial e a sentença homologatória de laudo arbitral, de conciliação ou de transação, ainda que esta não verse sobre questão posta em juízo, alterando o art. 475-N do CPC/73. A Lei nº 11.382/06, por sua vez, alterou o CPC/73 para prever a possibilidade de conciliação em audiência na execução (art. 740).[29]

Para além do CPC/73, cumpre destacarmos a Lei nº 7.244/84, que dispôs sobre a criação e o funcionamento do Juizado Especial de Pequenas Causas, um marco à autocomposição de feitos cíveis, prevendo audiência obrigatória com fim conciliatório (podendo-se instruir o feito no mesmo ato ou remarcar uma nova audiência). Aqui, vocábulos com o prefixo *"concili"* foram encontrados, entre os 59 artigos da lei, 18 vezes. Posteriormente, a referida lei seria revogada pela entrada em vigor da Lei nº 9.099/95, a Lei dos Juizados Especiais Cíveis e Criminais, na qual vocábulos com o prefixo *"concili"* aparecem 27 vezes (num total de 97 artigos).

---

[28] Art. 277. O juiz designará a audiência de conciliação a ser realizada no prazo de trinta dias, citando-se o réu com a antecedência mínima de dez dias e sob advertência prevista no §2º deste artigo, determinando o comparecimento das partes. Sendo ré a Fazenda Pública, os prazos contar-se-ão em dobro. (Redação dada pela Lei nº 9.245, de 26.12.1995). §1º A conciliação será reduzida a termo e homologada por sentença, podendo o juiz ser auxiliado por conciliador (Incluído pela Lei nº 9.245, de 26.12.1995).

[29] Art. 740. Recebidos os embargos, será o exequente ouvido no prazo de 15 (quinze) dias; a seguir, o juiz julgará imediatamente o pedido (art. 330) ou designará audiência de conciliação, instrução e julgamento, proferindo sentença no prazo de 10 (dez) dias (Redação dada pela Lei nº 11.382, de 2006).

Conforme ambas as leis, a audiência, que geralmente concentra atos de conciliação, instrução e julgamento, passa a ser presidida por juiz, togado ou leigo, ou ainda por um conciliador, iniciando-se necessariamente com a tentativa de conciliação. Na esteira de um procedimento mais célere e informal, podemos destacar como positiva a inovação com a condução da conciliação por profissional diverso do juiz. Contudo, ao prever que basta a condição de bacharel em direito para o exercício da função de conciliador, é de se concluir que não havia preocupação com formação de servidores para uso de técnicas voltadas a melhores resultados na conciliação.

Ainda em 1995, merece destaque o Decreto nº 1.572, que, segundo Fernanda Tartuce (2018, p. 272), seria a primeira ferramenta legislativa que previu a mediação como forma de composição de litígios, instituindo-a na negociação coletiva de natureza trabalhista.[30] A seara trabalhista é, de fato, uma rica fonte de leis que incluíram os meios autocompositivos de solução de conflitos. Em 2000, a promulgação de duas leis contribuiu para isso:

> A Lei nº 10.101/2000, no art. 4º, ao dispor sobre impasses na participação dos trabalhadores nos lucros ou resultados da empresa, indica a utilização dos mecanismos de mediação e arbitragem para a solução dos litígios. Finalmente, a Lei nº 9.958 de 12.01.2000, instituiu as já mencionadas comissões de conciliação prévia para o tratamento das controvérsias trabalhistas (TARTUCE, 2018, p. 272-273).

O avanço legislativo no sentido de promover a mediação como forma de administrar conflitos desembocou na Resolução nº 125/2010 do CNJ,[31] que instituiu a "Política Judiciária Nacional de tratamento dos conflitos de interesses, tendente a assegurar a todos o direito à solução dos conflitos por meios adequados à sua natureza e peculiaridade" (art. 1º).

> Por meio dela, pois, foram estimuladas as criações de um modelo de mediação e conciliação em Juízo, com um foco maior à mediação. A

---

[30] Na esfera do direito coletivo do trabalho, algumas Constituições Federais chegavam a utilizar o termo "negociação". A inovação promovida pelo Decreto nº 1.572 reside na figura do mediador, um terceiro imparcial que pode ser escolhido pelas partes ou designado pelo Ministério do Trabalho quando a negociação direta for frustrada ou restar prejudicada.

[31] Disponível em: <http://www.cnj.jus.br/busca-atos-adm?documento=2579>. Acesso em: 3 set. 2018.

partir daí, o próprio Conselho Nacional de Justiça, em parceria com os Tribunais, começou a propiciar cursos para a formação de mediadores e conciliadores judiciais. A ideia foi incentivar a autocomposição dentro do processo e antes do mesmo, ou seja, de forma endoprocessual e extraprocessual, respectivamente (RABELO; NUNES, 2016, p. 36).

A Resolução nº 125/2010 foi talvez o maior marco da adoção de políticas públicas efetivas em prol dos meios consensuais de solução de conflitos. Isso porque, apesar de alguns bons resultados aqui e acolá, podemos afirmar que eram insuficientes as normas que simplesmente previam a possibilidade de encerrar o litígio por conciliação ou mediação, ou que, em determinado procedimento, haveria uma audiência com finalidade conciliatória.

A resolução previu meios de estruturar o Judiciário para as soluções consensuais de conflitos, trazendo meios de incentivar capacitação, determinar a criação estrutura física nos foros e instituição de órgãos, como os CEJUSCs e NUPEMECs, bem como realizar e publicar levantamentos de dados estatísticos. Some-se a isso a previsão do Código de Ética dos Conciliadores e Mediadores Judiciais (anexo III da resolução).

A consolidação da mediação e da conciliação como técnicas de composição de conflitos foi de relevância tal ao cenário do direito processual civil brasileiro que, pela primeira vez, o CPC/15 passou a regulamentar a mediação (mencionando-a em 39 oportunidades), com destaque para a inclusão da matéria nas normas fundamentais, no art. 3º, §3º, que, na perspectiva cooperativa do processo,[32] isto é, não somente protagonizado pelo juiz, mas por todos os sujeitos processuais, estende a todos os envolvidos com o processo o dever de buscar os métodos adequados de solução dos litígios.

Entre os artigos 165 e 175, o CPC em vigor dispôs importantes normas acerca dos conciliadores e mediadores, fazendo, inclusive, a distinção entre eles (a ser abordada com detalhes mais à frente), além de regular princípios norteadores, políticas de capacitação e situações de impedimento.

A conciliação e a mediação também ganharam notoriedade no CPC/15 com a previsão de audiências obrigatórias com o fim único

---

[32] Art. 6º: Todos os sujeitos do processo devem cooperar entre si para que se obtenha, em tempo razoável, decisão de mérito justa e efetiva.

de promover solução consensual da lide em momento que antecede a defesa do réu, mormente as normas dos artigos 334, 565 e 695.

Por fim, a cereja do bolo de toda a expansão da autocomposição dos litígios na legislação processual brasileira veio logo após o CPC/15, com a promulgação da Lei da Mediação (Lei nº 13.140/15). Insta ressaltar que, em que pese a promulgação posterior ao CPC, a Lei nº 13.140/15 entrou em vigor antes (ainda em 2015), tendo em vista o período de *vacatio legis* de um ano do CPC.

Tal como fez o CPC, a Lei de Mediação reiterou a possibilidade de realização de mediação extrajudicial, mas foi além, prevendo, entre os artigos 32 a 40, a mediação de conflitos que envolvam pessoa jurídica de direito público.

Enfim, feito o breve esboço histórico das principais legislações infraconstitucionais em matéria de métodos autocompositivos de conflitos, percebe-se que, em que pese o tímido estímulo dado por meio das Constituições, foi sobretudo após o CPC/73 que muito se evoluiu em prol dos métodos autocompositivos de solução dos conflitos, com ênfase para as leis que alteraram aquele Código, tais como as que regulamentaram os Juizados Especiais (tanto em 1984 como em 1995), o CPC em vigor e a Lei de Mediação.

Por outro lado, salta aos olhos o fato de que, a partir da Constituição de 1890 (e do Decreto nº 359 daquele ano), com exceção da Lei nº 968/49, não mais se estipulou audiência obrigatória e prévia à defesa do réu com finalidade exclusivamente conciliatória, o que, repentinamente, foi retomado pelo CPC/15. Analisando a exposição de motivos do CPC/15, tem-se que:

> Deu-se ênfase à possibilidade de as partes porem fim ao conflito pela via da mediação ou da conciliação. Entendeu-se que a satisfação efetiva das partes pode dar-se de modo mais intenso se a solução é por elas criada e não imposta pelo juiz.
> Como regra, deve realizar-se audiência em que, ainda antes de ser apresentada contestação, se tentará fazer com que autor e réu cheguem a acordo (BRASIL, 2015-A, p. 31).

A justificativa acima não esclarece a opção por um ato obrigatório. Em outras palavras, não defendemos que a realização de audiências de conciliação no limiar do processo deve ser evitada – o que era inclusive previsto no Código anterior (art. 331 do CPC/73). Pelo contrário, há casos com forte inclinação à autocomposição desde seu início, e o juiz tem o poder-dever de "promover, a qualquer tempo, a autocomposição, preferencialmente com auxílio de conciliadores e mediadores judiciais" (art. 139, V, do CPC/15).

O que se questiona é a obrigatoriedade do ato, somada ao fato de ter unicamente este fim, o qual há muito tempo é objeto de críticas:

> Vedando a Constituição imperial que se desse início a qualquer processo sem que se tentasse, primeiro, a conciliação das partes, tinha-se como nulo o processo inaugurado sem o cumprimento dessa condição [...]. O Decreto nº 359, de 26 de abril de 1890, de abrupto revogou a exigência, passando, daí em diante, a não ser mais necessária a conciliação prévia, que, ainda hoje, constitui, apesar das acanhadas tentativas de ressuscitá-la, medida altamente meritória e necessária (PACHECO, 1999, p. 154).

Não obstante essa problemática sobre a qual já temos alguns resultados empíricos negativos, em 2020, apresentou-se o Projeto de Lei nº 3.813/2020, com o escopo de tornar obrigatória uma tentativa extrajudicial de autocomposição em litígios entre particulares, relativos a direitos patrimoniais disponíveis, sobretudo os que envolvam relações jurídicas cíveis, consumeristas (inclusive em causas de competência dos Juizados Especiais), empresariais e trabalhistas. De acordo com o projeto, a não comprovação da tentativa de resolução consensual configuraria ausência de interesse de agir, ensejando extinção do processo sem resolução de mérito (BRASIL, 2020-A).

Ainda que se sustente ser um retrocesso o retorno das tentativas obrigatórias de conciliação nos processos cíveis, um avanço de lá para cá merece destaque: agora, a não realização da audiência não enseja nulidade do processo. Assim, no procedimento comum, a ausência do autor não é causa de extinção do processo sem resolução do mérito, ao passo que a do réu não acarreta revelia, sendo possível a redesignação de tentativa de conciliação ou mediação em qualquer momento do processo (MENDES; HARTMANN, 2016, p. 168). A discussão volta-se, então, para a eficiência das audiências enquanto instrumentos de adequada composição dos conflitos.[33]

---

[33] Na Argentina, a *Ley de Mediación* promulgada em 1994 previu a obrigatoriedade da mediação prévia à propositura da ação, a ser realizada em centros oficiais ou privados de mediação e conciliação (MEIRELLES, 2007, p. 82). Os resultados observados foram,

Parte da doutrina entende por acertada a inserção da audiência de conciliação em momento anterior à defesa do réu, sob o fundamento de que "ao se iniciar o processo com uma audiência de conciliação ou mediação, e não mais com a resistência à pretensão do autor, por meio da contestação, tem-se o reflexo do que o novo sistema processual civil propõe: o incentivo à cultura da autocomposição" (RABELO, NUNES, 2016, p. 41). Divergindo, há quem sustente que, sendo voluntária a mediação, mesmo que se celebre um número menor de mediações, a taxa de satisfação social será mais alta, e, ao passo que essa taxa for crescendo, o recurso à mediação se fará espontaneamente com mais frequência (NIEVA-FENOLL, 2014, p. 225).

É importante um olhar empírico para o cumprimento da norma do art. 334 do CPC, pois, identificada uma baixa eficiência, é possível concluir que a audiência se torna ferramenta estratégica no processo de ganho de tempo pelo réu, o qual quase sempre poderá contar com um ato judicial inócuo a seu favor, e, a partir daí, outro problema surge: a tendência de que magistrados, cientes dessa ineficiência em suas comarcas, deixem de designar as audiências em situações nas quais deveriam fazê-lo, isto é, *contra legem*.

Assim, restando clara a opção do legislador do CPC/15 em retomar, repentinamente, audiências conciliatórias de caráter prévio e obrigatório, praticamente extintas do nosso ordenamento processual civil ao final do século XIX, também analisaremos, mais adiante, dados empíricos a respeito da eficiência das referidas audiências nas ações de procedimento comum da comarca do Recife.

---

diferente de toda a experiência brasileira, mais positivos. A maior adesão social à mediação se deu com base na informação e instrução, na base da educação, em relação ao uso deste método de solução dos conflitos: "*La prueba de que ese sistema se diferencia de los demás, la podemos encontrar en que durante cerca de diez años previamente a la publicación de la ley, el tema de la mediación fue objeto de discusión de toda sociedad; fue insertado en el contexto de la educación jurídica, se difundió en las escuelas, universidades y en los medios de comunicación, afectando no sólo a la formación del profesional del área jurídica, sino que también influyó en la formación social del ciudadano argentino*" (PINHO; PAUMGARTTEN, 2012, p. 219).

CAPÍTULO 3

UM OLHAR DOGMÁTICO (I): REFORMA PROCESSUAL E AUDIÊNCIAS DE CONCILIAÇÃO OBRIGATÓRIAS NO INÍCIO DO PROCESSO, COM ÊNFASE NO ART. 334 DO CÓDIGO DE PROCESSO CIVIL

3.1 As audiências obrigatórias previstas no CPC/15

Sendo uma das apostas do CPC/15 para estimular a autocomposição dos litígios civis, as audiências ou sessões de conciliação ou mediação obrigatórias antes da apresentação de resposta do réu estão previstas em três tipos de procedimento.[34]

O primeiro e mais comum é o próprio art. 334, que será esmiuçado ao longo deste livro. Trata-se da previsão de tentativa de conciliação ou mediação antes da resposta do réu para todo e qualquer processo guiado pelo rito do procedimento comum. Vale adiantar que essa exigência comporta duas exceções, previstas no §4º do referido dispositivo.

---

[34] Nesse ponto, vale ressaltar a inconsistência do legislador do CPC/15 que, por um lado, previu audiências que serão realizadas antes de iniciado o prazo para resposta do réu, mas, por outro, previu, no art. 231, §1º, que havendo litisconsórcio passivo, o prazo para resposta dos réus não começa da realização da audiência, mas quando constar nos autos a efetivação (ou o fim do prazo de ciência) da citação do último réu. Veja-se o dispositivo:
Art. 231. Salvo disposição em sentido diverso, considera-se dia do começo do prazo:
[...]
§1º Quando houver mais de um réu, o dia do começo do prazo para contestar corresponderá à última das datas a que se referem os incisos I a VI do *caput*.

O segundo tipo de procedimento é o de família, cuja tentativa prévia de mediação e conciliação encontra-se no art. 695 do Código:

> Art. 695. Recebida a petição inicial e, se for o caso, tomadas as providências referentes à tutela provisória, o juiz ordenará a citação do réu para comparecer à audiência de mediação e conciliação, observado o disposto no art. 694.
> §1º O mandado de citação conterá apenas os dados necessários à audiência e deverá estar desacompanhado de cópia da petição inicial, assegurado ao réu o direito de examinar seu conteúdo a qualquer tempo.
> §2º A citação ocorrerá com antecedência mínima de 15 (quinze) dias da data designada para a audiência.
> §3º A citação será feita na pessoa do réu.
> §4º Na audiência, as partes deverão estar acompanhadas de seus advogados ou de defensores públicos.

Diferentemente do caso do procedimento comum, "o detalhe que marca o procedimento especial para as ações de família é a obrigatoriedade da audiência de mediação ou conciliação: haverá sempre" (CUNHA, 2015, p. 476). Isso porque, para tal caso, o CPC não previu qualquer hipótese de exceção.

Contudo, a inexistência de hipóteses taxativas de exceção, para outra parte da doutrina, não significa que a audiência será sempre indispensável nos processos aos quais se aplique o art. 695 do CPC. O fundamento de tal posição está na interpretação do termo "se for o caso" do *caput* desse dispositivo:

> Considerando a perspectiva de promover o respeito à autonomia da vontade, a expressão "se for o caso" remeterá diretamente às exceções à realização da sessão consensual presentes no art. 334, §4º, que são: (i) desinteresse manifestado por ambas as partes quanto à composição consensual; e (ii) inadmissão da autocomposição. Por tal percepção, apenas "será o caso" de designar data para audiência de autocomposição nas demandas de família quando não incidirem essas duas exceções.
> A oposição de ambas as partes à realização da audiência é um fator essencial a ser considerado: a voluntariedade tem um peso primordial na adoção do meio consensual, devendo-se buscar evitar a prática de atos processuais infrutíferos quando o cenário evidenciar a ausência de qualquer possibilidade de autocomposição (pelo menos naquele momento) (TARTUCE, 2016, p. 88).

O terceiro tipo de procedimento encontra-se no seio das ações possessórias:

> Art. 565. No litígio coletivo pela posse de imóvel, quando o esbulho ou a turbação afirmado na petição inicial houver ocorrido há mais de ano e dia, o juiz, antes de apreciar o pedido de concessão da medida liminar, deverá designar audiência de mediação, a realizar-se em até 30 (trinta) dias, que observará o disposto nos §§2º e 4º.

Assim, quando se tratar de litígio coletivo de posse velha (esbulho ou turbação ocorridos em momento posterior a um ano e dia), havendo pedido de liminar (isto é, a ser julgado antes da ouvida formal do réu), tentar-se-á a autocomposição pela via da mediação entre as partes. Assim como no art. 695, não há hipótese de dispensa dessa audiência no art. 565 do CPC.

É evidente, desta feita, a intenção do legislador em inserir oportunidades de autocomposição como etapa integrante e quase que inafastável do procedimento (comum, de família e coletivo de posse velha).

Passemos à análise detalhada do dispositivo objeto da presente obra: o art. 334 do CPC.

3.2 O art. 334 do CPC: análise de suas disposições

Dispõe o art. 334 do CPC:

> Art. 334. Se a petição inicial preencher os requisitos essenciais e não for o caso de improcedência liminar do pedido, o juiz designará audiência de conciliação ou de mediação com antecedência mínima de 30 (trinta) dias, devendo ser citado o réu com pelo menos 20 (vinte) dias de antecedência.
> §1º. O conciliador ou mediador, onde houver, atuará necessariamente na audiência de conciliação ou de mediação, observando o disposto neste Código, bem como as disposições da lei de organização judiciária.
> §2º. Poderá haver mais de uma sessão destinada à conciliação e à mediação, não podendo exceder a 2 (dois) meses da data de realização da primeira sessão, desde que necessárias à composição das partes.
> §3º. A intimação do autor para a audiência será feita na pessoa de seu advogado.
> §4º. A audiência não será realizada:
> I—se ambas as partes manifestarem, expressamente, desinteresse na composição consensual;

II—quando não se admitir a autocomposição.

§5º. O autor deverá indicar, na petição inicial, seu desinteresse na autocomposição, e o réu deverá fazê-lo, por petição, apresentada com 10 (dez) dias de antecedência, contados da data da audiência.

§6º. Havendo litisconsórcio, o desinteresse na realização da audiência deve ser manifestado por todos os litisconsortes.

§7º. A audiência de conciliação ou de mediação pode realizar-se por meio eletrônico, nos termos da lei.

§8º. O não comparecimento injustificado do autor ou do réu à audiência de conciliação é considerado ato atentatório à dignidade da justiça e será sancionado com multa de até dois por cento da vantagem econômica pretendida ou do valor da causa, revertida em favor da União ou do Estado.

§9º. As partes devem estar acompanhadas por seus advogados ou defensores públicos.

§10. A parte poderá constituir representante, por meio de procuração específica, com poderes para negociar e transigir.

§11. A autocomposição obtida será reduzida a termo e homologada por sentença.

§12. A pauta das audiências de conciliação ou de mediação será organizada de modo a respeitar o intervalo mínimo de 20 (vinte) minutos entre o início de uma e o início da seguinte.

É nítida a tentativa do legislador de prestigiar os métodos adequados de solução dos conflitos, não só pelo dispositivo supracitado, mas também pela presença de todo um microssistema engendrado em prol das soluções consensuais. Importa analisar os aspectos gerais do dispositivo e, particularmente, aqueles mais relevantes para o deslinde dos pontos críticos e polêmicos do dispositivo, sobre os quais nos debruçaremos mais à frente, notadamente, o binômio *obrigatoriedade* x *possibilidade de dispensa*.

3.2.1 Aspectos gerais do dispositivo

O dispositivo em comento (art. 334) situa-se no Título I ("Do Procedimento Comum") do Livro I ("Do Processo de Conhecimento e do Cumprimento de Sentença"), compondo, sozinho, o Capítulo V do Código de Processo Civil. Por tal posição, percebe-se em que contexto se insere: o do procedimento comum. Por essa razão, ainda que se defenda a aplicabilidade da tentativa de conciliação ou mediação prévia aos procedimentos especiais, só haverá que se falar em *dever que vincula* o juiz a designar o ato (salvo as exceções do §4º) quando o rito for comum – no entanto, isso não impede o magistrado de, por entendimento de compatibilidade ou conveniência, designar tentativa de autocomposição antes da resposta do réu.

Conforme a dicção do *caput*, o momento de designação da audiência é aquele imediatamente posterior ao da admissibilidade da petição inicial. Assim que verificada a inexistência, naquele momento, de vícios formais que ensejem a extinção do processo sem resolução de mérito (havendo ou não emenda à inicial), deve o magistrado designar a audiência. Também não deve ser o caso de improcedência liminar do pedido, nos termos do art. 332 do Código de ritos.[35]

A data da designação deve preceder o ato em, no mínimo, 30 dias, e a citação deve ser expedida em, pelo menos, 20. É importante observar tal prazo em razão do disposto no §5º do art. 334, pois a manifestação do réu pelo desinteresse na audiência não terá efeito se ocorrer dentro de dez dias da data marcada. O autor deve manifestar seu (des)interesse na petição inicial e, por já estar no processo, será suficiente a intimação na pessoa de seu advogado para, se for o caso, comparecer à audiência.

É possível que haja necessidade de designação de novo ato quando não se chega à efetiva autocomposição no primeiro. Reza o dispositivo que todas as tentativas não devem ultrapassar o prazo de dois meses, norma que atualmente é de validade questionável,

---

[35] Art. 332. Nas causas que dispensem a fase instrutória, o juiz, independentemente da citação do réu, julgará liminarmente improcedente o pedido que contrariar:
I – enunciado de súmula do Supremo Tribunal Federal ou do Superior Tribunal de Justiça;
II – acórdão proferido pelo Supremo Tribunal Federal ou pelo Superior Tribunal de Justiça em julgamento de recursos repetitivos;
III – entendimento firmado em incidente de resolução de demandas repetitivas ou de assunção de competência;
IV – enunciado de súmula de tribunal de justiça sobre direito local.
§1º O juiz também poderá julgar liminarmente improcedente o pedido se verificar, desde logo, a ocorrência de decadência ou de prescrição.
§2º Não interposta a apelação, o réu será intimado do trânsito em julgado da sentença, nos termos do art. 241.
§3º Interposta a apelação, o juiz poderá retratar-se em 5 (cinco) dias.
§4º Se houver retratação, o juiz determinará o prosseguimento do processo, com a citação do réu e, se não houver retratação, determinará a citação do réu para apresentar contrarrazões, no prazo de 15 (quinze) dias.

pois teria sido tacitamente revogada pela Lei de Mediação (a qual, mesmo sendo promulgada posteriormente ao CPC, entrou em vigor antes):

> De acordo com o art. 28 da Lei nº 13.140/2015, o procedimento de mediação deve ser concluído em até sessenta dias, contados da primeira sessão, salvo se houver acordo das partes quanto à prorrogação. Como o art. 28 da Lei nº 13.140/2015 é posterior ao CPC, vale o prazo nele previsto: sessenta dias, em vez do prazo de dois meses previsto no §2º do art. 334 do CPC—prazo em dia somente é contado em dia útil, o que torna as regras muito diferentes; fica, assim, revogado, no ponto o §2º do art. 334 do CPC. Além disso, o art. 28 prevê expressamente o acordo para prolongação do prazo de término do procedimento de mediação, que não está previsto expressamente no CPC (DIDIER JR., 2017, p. 702).

Há a expressa imposição, no §9º do art. 334, de que as partes estejam acompanhadas de procurador durante a audiência ou sessão. A importância da defesa técnica durante a audiência se extrai basicamente de duas razões: a) o ganho de confiança da parte para concretizar o acordo e potencializar o atendimento dos interesses da parte; b) o fato de que, não somente o acordo, mas também a desistência ou a renúncia da ação pelo autor, e o reconhecimento da procedência do pedido pelo réu – de onde são extraídos diferentes efeitos jurídicos, muitos casos ignorados pelo leigo – ao serem homologados pelo juiz por sentença (art. 334, §11º, CPC), terão aptidão de definitividade (art. 487, III, "b", CPC). Nesse processo, o advogado é o profissional que deve esclarecer previamente ao seu cliente as consequências oriundas do desfecho que se dará à audiência (MENDES; HARTMANN, 2016, p. 169) e sua presença ratifica a eficácia do negócio jurídico firmado.

Nessa linha, tramita no Congresso Nacional o Projeto de Lei nº 5.511/2016, que visa a tornar obrigatória a participação de advogado na solução consensual de conflitos, tais como a conciliação e a mediação. Sobre a proposta, o Conselho Nacional de Justiça já enviou a Nota Técnica nº 0010642-32.2018.00.000, aprovada por maioria, posicionando-se de modo divergente, justificando que "a conciliação e a mediação pré-processual é atividade que pode ser realizada sem a necessária participação dos advogados, porque objetiva apenas facilitar a transação, ato de autonomia privada reservado a toda pessoa capaz, a fim de prevenir ou terminar litígios" (BRASIL, 2019-B, p. 2).[36]

O posicionamento do CNJ tem grande valia em muitas comarcas nas quais os índices de eficiência das audiências do art. 334 do CPC estão muito baixos. Assim, não seria razoável redesignar uma audiência porque o autor está desacompanhado de advogado se, na primeira audiência, o réu sequer trouxe proposta de acordo ou esteve aberto ao diálogo ou à autocomposição.

Por outro lado, chegando-se a uma autocomposição em audiência na qual uma das partes esteve desacompanhada de procurador – e o magistrado entenda pela ausência de nulidade ocasionada pela realização do ato sem a devida defesa técnica –, é necessário um cuidado redobrado antes de homologar o que foi acordado, considerando a vulnerabilidade jurídica que tal situação pode ensejar.

Ainda vale destacar que o intervalo mínimo entre o início de uma sessão e o início de outra deverá ser de 20 minutos. De simples leitura do dispositivo, é possível notar que esse intervalo não se confunde com o tempo de duração da sessão. É claro que tal período é meramente sugestivo e não é o ideal, uma vez que 20 minutos, via de regra, é muito pouco para uma sessão bem realizada.

> É preciso registrar que foi absolutamente desnecessária a regra do Código contida no §12 do artigo 334, de que a pauta das audiências de conciliação ou de mediação será organizada de modo a respeitar o intervalo mínimo de vinte minutos entre o início de uma e o início da seguinte, pois o tempo de cada uma delas irá depender de uma série de fatores (cultura das partes, importância do litígio nas suas vidas, grau de insatisfação um com o outro, etc.) que fogem a uma previsão abstrata tão fria como aquela feita pelo legislador (ABELHA, 2016, p. 472-473).

Assim, o ideal é que as audiências sejam designadas com o intervalo superior a 20 minutos entre o início de uma e o começo da outra. Por outro lado, é possível que, em razão do congestionamento

---

[36] O enunciado nº 48 do Fórum Nacional da Mediação e Conciliação (FONAMEC) também relativiza a obrigatoriedade da defesa técnica: "Nos procedimentos processuais (mediação e conciliação judiciais), quando o advogado ou defensor público, devidamente intimado, não comparecer à audiência injustificadamente, o ato poderá ser realizado sem a sua presença se o cliente/assistido concordar expressamente (FONAMEC, 2017)."

da pauta, alguns CEJUSCs se valham de interpretação literal do dispositivo para designarem as audiências exatamente a cada 20 minutos, o que, em razão de tempo curto para a negociação, tende a prejudicar o sucesso da autocomposição.

3.2.2 Mediação *versus* Conciliação

A audiência ou sessão a ser realizada será de conciliação ou mediação. A importância de que todos os operadores do direito conheçam a distinção entre esses dois métodos é corolário do sistema multiportas, uma vez que a opção da metodologia menos indicada para cada caso tende a ensejar prolongamento desnecessário ou, pior, tratamento inadequado da demanda.

Antes de distingui-las, é importante constar que são métodos autocompositivos bilaterais com os seguintes pontos em comum: a) a participação de um terceiro imparcial; b) não há imposição de resultados; c) a promoção da comunicação entre os envolvidos; d) o estímulo à busca de saídas para os envolvidos; e) o exercício da autonomia privada na elaboração de opções aos impasses (TARTUCE, 2018, p. 191).

A mediação, regulamentada em lei própria, é conceituada como "a atividade técnica exercida por terceiro imparcial sem poder decisório, que, escolhido ou aceito pelas partes, as auxilia e estimula a identificar ou desenvolver soluções consensuais para a controvérsia" (art. 1º, parágrafo único da Lei nº 13.140/15).

Trata-se, de modo mais detalhado, de um método dialogal de solução ou transformação de conflitos interpessoais, no qual os mediandos escolhem ou aceitam terceiro(s) mediador(es) com aptidão para conduzir o processo e facilitar o diálogo, com vistas a se construir a compreensão das vivências afetivas e materiais da disputa, migrar das posições antagônicas para que se identifiquem os interesses e necessidades comuns e as alternativas mais consistentes, de modo que, havendo consenso, seja concretizado o acordo (VASCONCELOS, 2015, p. 56). Percebe-se, desde já, que a mediação não foca diretamente no acordo entre os mediandos. O escopo principal é desfazer uma comunicação ruidosa entre as partes, podendo se considerar exitoso o procedimento que conseguiu tal fim, ainda que não tenham as partes firmado formalmente um acordo.

O modelo de mediação utilizado no Brasil é informal, porém estruturado. Isso quer dizer que não está sujeito a regras processuais, mas segue um rito que visa a sua eficácia. Costuma-se dividir o procedimento em fases: 1) Preparação da mediação; 2) Apresentação das regras da mediação na declaração de abertura da interlocução; 3) Narração dos fatos pelas partes e identificação dos problemas; 4) Detecção dos interesses e necessidades; 5) Recontextualização ou reenquadramento; 6) Geração de opções; 7) Seleção das opções; 8) Propostas; 9) Acordo; 10) Avaliação da mediação (MORAES, 2016, p. 265).

A conciliação, por sua vez, não possui lei própria, mas é presente no ordenamento jurídico brasileiro há bastante tempo, sendo instituto processual bem mais antigo que a mediação, como se pode ver ao longo do capítulo 2. Para a conciliação, foca-se, prevalentemente, no acordo, sendo mais apropriada para lidar com relações eventuais, sem vínculos anteriores, e recomendada em relações de consumo e outras relações casuais, nas quais não prevalece o interesse comum de manter um relacionamento, mas, fundamentalmente, o objetivo de equacionar interesses materiais ou questões jurídicas (VASCONCELOS, 2015, p. 60). Com isso, há uma forte tendência a um procedimento mais rápido e simples que a mediação (valendo frisar que não se aplica o rito com as fases descritas no parágrafo anterior). Por isso, é permitido ao conciliador intervir diretamente na formação do acordo, o que é vedado ao mediador.[37]

Com isso, chega-se à seguinte distinção: "o objetivo da mediação, portanto, é o empoderamento, e não o acordo, porque tem como foco a implementação de uma pedagogia social, por intermédio da qual as pessoas possam, por elas mesmas, resolver seus problemas" (MORAES, 2016, p. 264).

---

[37] Em que pese a conciliação voltar-se mais diretamente ao acordo (enquanto a mediação foca na comunicação entre as partes), este não é o único parâmetro para dizer se houve sucesso ou não, afinal, numa ótica multiportas, sabemos que nem todo conflito é adequadamente resolvido por esta via. Nesse sentido, o enunciado nº 625 do FPPC, segundo o qual "O sucesso ou insucesso da mediação ou da conciliação não deve ser apurado apenas em função da celebração de acordo".

Atento à importância dessa distinção para a adoção da metodologia mais adequada a cada conflito, o legislador do CPC/15 propôs uma diferenciação no art. 165, §§2º e 3º, *in verbis*:

§2º O conciliador, que atuará preferencialmente nos casos em que não houver vínculo anterior entre as partes, poderá sugerir soluções para o litígio, sendo vedada a utilização de qualquer tipo de constrangimento ou intimidação para que as partes conciliem.

§3º O mediador, que atuará preferencialmente nos casos em que houver vínculo anterior entre as partes, auxiliará aos interessados a compreender as questões e os interesses em conflito, de modo que eles possam, pelo restabelecimento da comunicação, identificar, por si próprios, soluções consensuais que gerem benefícios mútuos.

Nota-se que são duas as diferenças colocadas pelo Código: uma que diz respeito à natureza do conflito, e outra no tocante à atuação do conciliador ou mediador, ambas já suscitadas doutrinariamente há algum tempo. Em relação à natureza do conflito, recomenda-se a conciliação aos casos em que não houver vínculo anterior entre as partes, a exemplo das demandas cíveis em geral (que envolvem, em muitos casos, relações de consumo); por outro lado, a mediação é mais indicada quando há vínculo anterior entre as partes, razão pela qual é bastante aplicável – e tem seus melhores índices – nas demandas que envolvem o direito de família. Já no que diz respeito à atuação, o conciliador atua sugerindo soluções para o litígio, postura que não é permitida ao mediador, o qual se volta ao restabelecimento da comunicação dos mediandos e à identificação de seus reais interesses.

Vale ressaltar a presença do termo "preferencialmente" em ambos os parágrafos acima transcritos, indicando que não se trata de regra rígida de aplicação dessas metodologias. É tarefa de todos os operadores do direito, mas sobretudo do mediador/conciliador, conhecer os métodos e finalidades de cada uma para melhor aplicá-la.

Um bom exemplo disso reside no fato de que alguns fornecedores de produtos e serviços estarem buscando mediar seus conflitos – inclusive com cláusula de mediação em seus contratos[38]

---

[38] Não cabendo aqui imiscuir-se na discussão acerca da licitude de previsão da cláusula de mediação em contrato de adesão – natureza de quase a totalidade dos contratos de

– mesmo que, para as demandas consumeristas, seja, *a priori*, mais indicada a conciliação (PAULA FILHO, 2021, p. 437-440). É que, numa visão mais ampla, na qual há interesse em criar um vínculo entre consumidor e fornecedor, e quando a fidelização do cliente e a geração de uma relação de confiança forem uma prioridade para além do simples acordo, a mediação pode mostrar-se muito mais efetiva (POLLONI, 2018, p. 94-95).

De acordo com o CPC/15, não há distinção entre os princípios que regem a mediação e a conciliação:

> Art. 166. A conciliação e a mediação são informadas pelos princípios da independência, da imparcialidade, da autonomia da vontade, da confidencialidade, da oralidade, da informalidade e da decisão informada.
>
> §1º A confidencialidade estende-se a todas as informações produzidas no curso do procedimento, cujo teor não poderá ser utilizado para fim diverso daquele previsto por expressa deliberação das partes.
>
> §2º Em razão do dever de sigilo, inerente às suas funções, o conciliador e o mediador, assim como os membros de suas equipes, não poderão divulgar ou depor acerca de fatos ou elementos oriundos da conciliação ou da mediação.
>
> §3º Admite-se a aplicação de técnicas negociais, com o objetivo de proporcionar ambiente favorável à autocomposição.
>
> §4º A mediação e a conciliação serão regidas conforme a livre autonomia dos interessados, inclusive no que diz respeito à definição das regras procedimentais.

O conciliador/mediador deve gozar de independência e imparcialidade no trato com as partes. A possibilidade de propor soluções ao litígio, facultada no art. 165, §2º do CPC, vem, neste dispositivo, imediatamente acompanhada da vedação a qualquer tipo de constrangimento ou intimidação para que as partes conciliem. Nessa senda, é importante registrar a proibição de sugestões baseadas no fundamento de que "a espera pelo julgamento pode ser longa", devido à possibilidade de ensejarem acordos forçados e ruins, mormente quando há uma parte hipossuficiente num dos polos – passando longe de qualquer escopo voltado a uma efetiva

---

consumo – diante da natureza de negócio jurídico processual prévio dessa disposição e dos limites impostos pelo art. 190, parágrafo único do CPC.

pacificação social (TARTUCE; NEVES, 2016, p. 400). Pelo dever de imparcialidade, mediador e conciliador se submetem ao mesmo regramento de suspeição e impedimento aplicado ao magistrado (artigos 144 a 149 do CPC).

A confidencialidade, outro importante princípio, tem o condão de garantir às partes que as informações colocadas durante uma sessão de conciliação ou mediação não poderão se tornar públicas ou, tampouco, serem objeto de prova em processo administrativo ou judicial (art. 166, §1º do CPC). Com isso, podemos perceber que o dever de confidencialidade se aplica a todas as pessoas que tenham, direta ou indiretamente, participado do procedimento (partes, prepostos, conciliador, mediador, advogados, assessores técnicos e outras) (PEIXOTO, 2016, p. 99).

Os princípios da oralidade e da informalidade estão relacionados, servindo para facilitar o diálogo e deixar as partes confortáveis para negociarem, diferentemente da formalidade inerente ao processo civil estatal. Ademais, aceleram o procedimento e promovem a confidencialidade, registrando-se por escrito o mínimo possível. Se, no processo judicial, o diálogo é predominantemente entre juiz e advogados, na mediação/conciliação, é direto entre o facilitador e as próprias partes (PEIXOTO, 2016, p. 102).

O princípio da decisão informada tem a função de garantir que o consenso ou o impasse ao final da sessão são obtidos de modo livre e genuíno. Para tanto, o facilitador deve ter o cuidado de observar se as partes têm ciência do que estão acordando, bem como da possibilidade de cumprimento de sua palavra. Esse princípio comunica-se bastante com outro: o da autonomia da vontade ou voluntariedade, pois, antes de um acordo aceito e exequível pelas partes, é preciso ter a garantia de que estas sabem do que se trata o próprio procedimento de mediação e, livremente, aceitaram submeter-se a ele. Por isso, prevê o art. 2º, §2º da Lei de Mediação: "Ninguém será obrigado a permanecer em procedimento de mediação".

A Lei de Mediação prevê como princípios: imparcialidade do mediador, isonomia entre as partes, oralidade, informalidade, autonomia da vontade das partes, busca do consenso, confidencialidade e boa-fé. Desses, não estão previstos no

CPC a isonomia entre as partes, a busca do consenso e a boa-fé, princípios esses que já são de certo modo albergados pela observância daqueles previstos no CPC (a isonomia entre as partes e a boa-fé são resguardadas sobretudo pelos princípios da imparcialidade, independência e decisão informada, comentados linhas atrás).

3.2.3 Hipóteses legais de dispensa (§4º)

Como exceção à regra da obrigatoriedade de designação da audiência ora em análise, o próprio art. 334 do CPC traz duas situações nas quais o juiz deve dispensar o ato:

§4º A audiência não será realizada:
I – se ambas as partes manifestarem, expressamente, desinteresse na composição consensual;
II – quando não se admitir a autocomposição.

Com isso, pode-se perceber que não se optou pela incondicional obrigatoriedade de comparecimento e participação efetiva em audiência de conciliação ou mediação prévia, mas por uma *quase obrigatoriedade*, na medida em que, para não se realizarem essas audiências, será necessário que ambas as partes manifestem, expressamente, o desinteresse na autocomposição (VASCONCELOS, 2015, p. 103) (art. 334, §4º, I).

Acerca dessa primeira hipótese, a clareza do dispositivo em relação à necessidade de que ambos peçam a dispensa da audiência inclina parte da processualística a admitir que não é lícito ao magistrado fazê-lo de modo diferente. Outra parte da doutrina, por seu turno, interpreta o dispositivo de outro modo, a exemplo de Alexandre Freitas Câmara (2016, p. 201):

Apesar do emprego, no texto legal, do vocábulo "ambas", deve-se interpretar a lei no sentido de que a sessão de mediação ou conciliação não se realizará se qualquer das partes manifestar, expressamente, desinteresse na composição consensual. Basta que uma das partes manifeste sua intenção de não participar da audiência de conciliação ou de mediação para que esta não possa ser realizada. É que um dos princípios reitores da mediação (e da conciliação) é o da voluntariedade, razão pela qual não se pode obrigar qualquer das partes a participar, contra sua vontade, do procedimento de mediação ou conciliação (art. 2o, §2o, da Lei nº 13.140/2015). A audiência, portanto, só acontecerá se nem o autor nem o réu afirmarem expressamente que dela não querem participar (e o silêncio da parte deve ser interpretado no sentido de que pretende ela participar da tentativa de solução consensual do conflito).

A posição acima é, como o próprio autor refere, uma interpretação teleológica fundamentada em um princípio (o da voluntariedade), deixando claro que a interpretação literal do dispositivo conduz à dispensa da audiência apenas após requerimento expresso de ambas as partes.

Como se verá em capítulo a seguir, um dos principais motivos pelos quais os juízes vêm dispensando a audiência é o de que bastaria a manifestação de uma das partes. Independentemente de ser boa ou ruim, não há como negar que tal fundamentação é *contra legem*, porque o texto da norma não abre espaço para interpretação distinta. Também reservaremos algumas linhas do próximo capítulo para abordar a argumentação *contra legem*.

A outra hipótese é quando não se admitir autocomposição em relação ao direito discutido no processo. Sobre essa questão, há uma cultura enraizada no meio jurídico que defende que os direitos indisponíveis não aceitam autocomposição. Boa parte da doutrina já alerta há bastante tempo para esse equívoco:

> Tanto para os legisladores como para os operadores do sistema de justiça não podem mais bastar para justificar a restrição da disposição dos direitos considerados "indisponíveis" abstratas e retóricas presunções a respeito da hipossuficiência e da incapacidade de manifestação volitiva dos seus titulares — que historicamente têm justificado academicamente sua absoluta inegociabilidade (VENTURI, 2016, p. 427).

Prova de que tal pensamento está ultrapassado são os paulatinos avanços legislativos no sentido de permitir a autocomposição de vários direitos indisponíveis. O art. 695 do CPC, que prevê a obrigatoriedade da audiência de mediação ou conciliação no procedimento de família, é um bom exemplo, pois é cediço que muitos dos direitos de família são indisponíveis. Outro bom exemplo está nos artigos 32 a 40 da Lei nº 13.140/15, que estipulam a participação de pessoas jurídicas de direito público no procedimento de mediação.[39] Ainda nesse diapasão, merece destaque o art. 3º da Lei de Mediação:

> Art. 3º Pode ser objeto de mediação o conflito que verse sobre direitos disponíveis ou sobre direitos indisponíveis que admitam transação.
> §1º A mediação pode versar sobre todo o conflito ou parte dele.
> §2º O consenso das partes envolvendo direitos indisponíveis, mas transigíveis, deve ser homologado em juízo, exigida a oitiva do Ministério Público.

Dessa forma, para que se dispense a audiência do art. 334 do CPC, com base no seu §4º, II, é necessário que o juiz fundamente a decisão, apresentando a(s) razão(ões) para a inadmissibilidade da autocomposição naquele caso, não bastando alegar genericamente que se trata de direito indisponível.

Ainda sobre as possibilidades legais de dispensa, o §6º do art. 334 do CPC dispõe que, havendo litisconsórcio, o desinteresse na realização da audiência deve ser manifestado por todos os litisconsortes. Isso porque o acordo pode ser parcial, isto é, não abranger todos os pedidos ou todas as partes.

Em que pese a clareza das hipóteses de dispensa previstas no art. 334, §4º do CPC, é preciso reconhecer que elas não exaurem as possibilidades legais de não realização da audiência.

Nesse sentido, é possível dispensar a audiência por força de negócio jurídico processual. Em que pese não seja hipótese expressa na lei, não há, via de regra, qualquer vedação para que se

---

[39] O argumento da inaplicabilidade da mediação à Administração Pública em razão da confidencialidade não ser compatível com o princípio da publicidade também resta superado. Assim, "o que é confidencial não é o processo no qual se realiza(m) a(s) sessão(ões) de mediação ou de conciliação. É preciso que se divulguem sua existência e os atos nele praticados. O conteúdo das sessões de mediação ou de conciliação que é sigiloso. E deve ser mesmo; para que viabilize a autocomposição, as partes precisam ter a garantia de que tudo o que disserem não poderá servir para a defesa da parte contrária. O princípio da publicidade não tem a amplitude que fundamenta a destacada preocupação. Fosse assim, todas as reuniões realizadas por autoridades públicas deveriam ser públicas, devendo toda conversa, negociação, diálogo ser divulgado e publicizado. O conteúdo das sessões de mediação e conciliação é sigiloso, mas o resultado e a motivação da Administração Pública são públicos e devem ser divulgados" (CUNHA, 2020, p. 160).

convencione deste modo, como se extrai da leitura do art. 190 do CPC.[40] Assim,

> as partes poderão, quando da negociação estabelecendo a obrigatoriedade de mediação/conciliação extrajudicial prévia ao ajuizamento de ação correspondente, acordar a dispensa da audiência de mediação e conciliação obrigatória, prevista no art. 334 do CPC. Deste modo, contribuirão para a celeridade e otimização de eventual processo jurisdicional, uma vez que as tratativas de negociação já terão sido previamente realizadas sem sucesso (LIPIANI; SIQUEIRA, 2016, p. 157).

As partes poderão, ainda, realizar convenção processual que obste a regra do art. 334 do CPC, não só se já tiverem tentado a autocomposição pela via extrajudicial, mas também se não quiserem se submeter à tentativa de mediação, estipulando em contrato a chamada "cláusula *opt-out*" (MAZZOLA, 2017, p. 259), já que, na prática, estarão fazendo o mesmo que impõe a hipótese típica de dispensa do art. 334, §4º, I, do CPC só que de maneira prévia ao ajuizamento da ação.

Também cabe destacar que a tentativa de conciliação anterior à oportunidade prevista no art. 334 do CPC pode se dar pela via judicial, como nos casos em que já houve audiência em procedimento de Juizados Especiais (e, posteriormente, o processo tenha sido extinto sem resolução de mérito, decidindo a parte ajuizar ação pelo procedimento comum).

> Portanto, se a parte interessada buscar a solução judicial fora do Juizado, não faz sentido insistir em outra audiência de conciliação, a pretexto de aplicação do art. 334 do CPC/2015. Salvo se a unidade jurisdicional estiver a aplicar a verdadeira mediação, o que até então não se tem verificado. A repetição excepcional, aqui, seria justificada pela atuação das técnicas sérias e diferenciadas da mediação. Contudo, se não houver esse preparo, a repetição é medida inútil (DI SPIRITO, 2016).

---

[40] Art. 190 – Versando o processo sobre direitos que admitam autocomposição, é lícito às partes plenamente capazes estipular mudanças no procedimento para ajustá-lo às especificidades da causa e convencionar sobre os seus ônus, poderes, faculdades e deveres processuais, antes ou durante o processo.
Parágrafo único. De ofício ou a requerimento, o juiz controlará a validade das convenções previstas neste artigo, recusando-lhes aplicação somente nos casos de nulidade ou de inserção abusiva em contrato de adesão ou em que alguma parte se encontre em manifesta situação de vulnerabilidade.

Outra situação digna de menção é quando uma das partes tem, em seu desfavor, medida protetiva, a exemplo daquela que determina a não aproximação da parte contrária ou qualquer outra ordem judicial análoga em sede de tutela específica – situação de clara incompatibilidade com a realização da audiência (DI SPIRITO, 2016), tendo em vista a exigência de que estejam presentes as partes no ato – situação que pode vir a ser repensada diante da aplicação do §7º do referido dispositivo ("A audiência de conciliação ou de mediação pode realizar-se por meio eletrônico, nos termos da lei") pelo tribunal.

Por fim, é de bom alvitre ressaltar o fato de o art. 334 do CPC encontrar-se dentro do título (Livro I) que trata do procedimento comum, razão pela qual a sua aplicabilidade aos procedimentos especiais deve ser analisada casuisticamente, a fim de não gerar uma "desnaturação do procedimento especial, conforme o equacionamento definido pelo legislador com o escopo de promover celeridade e efetividade" (DI SPIRITO, 2016).

A fim de que não se defenda a desnaturação da regra da obrigatoriedade da designação da audiência, é importante frisar algo que todas as hipóteses de dispensa supramencionadas têm em comum: *a previsão em lei* – seja os do rol do art. 334, §4º, do CPC, seja os dispositivos indicados na sequência. Ademais, a previsão está contida em *regra*, não em um princípio, o que permite que se derrogue a obrigatoriedade prevista no art. 334 em vista da lógica do "tudo ou nada" aplicável ao choque entre regras, como será mais bem demonstrado no item 4.2.2.

Note-se que os casos acima estão incluídos em permissivos legais que ora conduzem à *dispensa por incompatibilidade* (como o negócio jurídico processual e a existência de medida protetiva), ora à *satisfação, por outra via, do escopo da norma* (como a realização de mediação ou conciliação anteriormente ao ajuizamento da ação, em câmara privada, CEJUSC pré-processual, ou em audiência nos Juizados Especiais Cíveis).

Ocorre que, como se verá mais à frente, os casos em que se dispensam as audiências e sessões do art. 334 do CPC quase nunca se enquadram nas hipóteses do §4º do referido dispositivo ou nas demais situações ora mencionadas, mas em superações da regra por meio de princípios – isso quando há fundamentação.

E, para legitimar a conduta, diversos tribunais têm afastado a ocorrência de nulidade pela dispensa da audiência por parte do juízo de primeiro grau nos casos não albergados em lei.

Escolhido para recorte da parte empírica deste livro, o Tribunal de Justiça de Pernambuco é um dos que já reconheceu a ausência de nulidade processual em virtude da não designação da audiência inicial, com base nos seguintes fundamentos:

> A não designação da audiência de conciliação (Art. 334 do CPC), não implica, por si só, em nulidade processual, na hipótese em que, além de ausente demonstração do prejuízo sofrido pelas partes, há evidente desinteresse da parte autora em realizar acordo, conforme se infere da inicial e das contrarrazões. Preliminar rejeitada (PERNAMBUCO, 2019-A).

Em posição minoritária, o órgão do Tribunal de Justiça de Minas Gerais já emanou posicionamento reconhecendo a nulidade pela dispensa da audiência fora das hipóteses do art. 334, §2º do CPC:

> A designação de audiência de conciliação no processo de conhecimento é obrigatória, salvo nas hipóteses expressamente elencadas no art. 334, §4º do CPC, configurando-se a nulidade do processo quando ausente qualquer destas circunstâncias e a aludida audiência não é realizada em primeiro grau de jurisdição.
> Deve ser reconhecido o vício de nulidade da sentença por vício de julgamento citra petita na hipótese em que o julgador deixa de apreciar alguns dos pedidos formulados pela parte autora na petição inicial. (MINAS GERAIS, 2020).

Com efeito, a nulidade requer prejuízo. Quem entende pela ausência de nulidade o faz em razão de ausência de prejuízo às partes nos casos em que a audiência não ocorre no momento previsto no código. No precedente que entendeu pela nulidade, entretanto, constou-se que o magistrado, ao dispensar a audiência, ignorou o requerimento do autor, incorrendo em julgamento *citra petita*.[41]

---

[41] A sentença é *citra* (ou *infra*) *petita* quando não examina todas as questões propostas pelas partes. Neste caso, a nulidade pressupõe questão (ponto de fato ou de direito) debatida e não solucionada pelo magistrado sobre a qual dissentem os litigantes, e que, por seu conteúdo, seria capaz de formar, por si só, uma lide autônoma (THEODORO JR., 2015, p. 1.361-1.363).

Um questionamento ao leitor: dispensar a audiência nesses casos pode gerar, em abstrato, uma nulidade às partes, as quais perderiam uma oportunidade de dialogar quando os ânimos ainda não estão tão acirrados no processo? Veremos, ao longo deste livro, como a doutrina diverge nesse debate.

3.2.4 Sanções por descumprimento da regra

Dispõe o §8º do art. 334 do CPC que o não comparecimento injustificado do autor ou do réu à audiência de conciliação é considerado ato atentatório à dignidade da Justiça e será sancionado com multa de até dois por cento da vantagem econômica pretendida ou do valor da causa, revertida em favor da União ou do Estado.

Essa regra "apimenta" a discussão doutrinária que existe em torno da obrigatoriedade da audiência, porque, além de a designação ser obrigatória mesmo que uma das partes expresse não querer participar de tentativa de autocomposição, a presença das partes também se torna obrigatória, sob pena de aplicação de multa por ato atentatório à dignidade da Justiça.

Sobre essa questão, o Superior Tribunal de Justiça (STJ) já se manifestou ratificando o teor do referido §8º. Vale frisar que, no caso sob análise, uma das partes era órgão público (Instituto Nacional do Seguro Social – INSS), o que reforça que a hipótese do art. 334, §4º, II, do CPC não será aplicada para todo e qualquer processo em face de ente público. Ademais, o INSS, que veio a ser condenado por litigância de má-fé, manifestou tempestivamente o desinteresse na audiência, ou seja, o interesse do autor na audiência foi motivo suficiente não só para que ela fosse realizada, mas também para que fosse imputada a multa prevista no art. 334, §8º ao réu. Vejamos alguns trechos da fundamentação:

> DIREITO PROCESSUAL CIVIL. PREVIDENCIÁRIO. RECUSO ESPE-
> CIAL. A AUDIÊNCIA DE CONCILIAÇÃO É FASE OBRIGATÓRIA
> DO PROCESSO CIVIL ATUAL. NOVA LEGISLAÇÃO PROCESSUAL
> CIVIL. JUSTIÇA MULTIPORTAS. VALORIZAÇÃO DA COMPOSI-
> ÇÃO AMIGÁVEL. TAREFA A SER IMPLEMENTADA PELO JUIZ DO
> FEITO. AUSÊNCIA DE COMPARECIMENTO DO INSS. APLICAÇÃO
> DE MULTA DE 2% SOBRE O VALOR DA CAUSA. ART. 334, §8º. DO
> CPC/2015. INTERESSE DO AUTOR NA REALIZAÇÃO DO ATO.

MULTA DEVIDA. RECURSO ESPECIAL DO INSS A QUE SE NEGA PROVIMENTO.

1. A nova legislação processual civil instrumentaliza a denominada Justiça Multiportas, incentivando a solução consensual dos conflitos, especialmente por meio das modalidades de conciliação e mediação. O objetivo dessa auspiciosa inovação é hipervalorizar da concertación de interesses interpartes, em claro desfavor do vetusto incentivo ao demandismo. Mas isso somente se pode alcançar por meio da atuação inteligente dos Juízes das causas, motivados pelos ideais da equidade, da razoabilidade, da economia e da justiça do caso concreto.

[...]

3. Reafirmando esse escopo, o CPC/2015, em seu art. 334, estabelece a obrigatoriedade da realização de audiência de conciliação ou de mediação após a citação do réu. Excepcionando a sua realização, tão somente, na hipótese de o direito controvertido não admitir autocomposição ou na hipótese de ambas as partes manifestarem, expressamente, desinteresse na composição consensual (art. 334, §4º, do CPC/2015).

[...]

6. No caso dos autos, o INSS manifestou desinteresse na realização da audiência, contudo, a parte autora manifestou o seu interesse, o que torna obrigatória a realização da audiência de conciliação, com a indispensável presença das partes. Comporta frisar que o processo judicial não é mais concebido como um duelo, uma luta entre dois contendores ou um jogo de habilidades ou espertezas. Exatamente por isso, não se deixará a sua efetividade ao sabor ou ao alvedrio de qualquer dos seus atores, porque a justiça que por meio dele se realiza acha-se sob a responsabilidade do Juiz e constitui, inclusive, o macro-objetivo do seu mister.

7. Assim, não comparecendo o INSS à audiência de conciliação, inevitável a aplicação da multa prevista no art. 334, §8º, do CPC/2015, que estabelece que o não comparecimento injustificado do autor ou do réu à audiência de conciliação é considerado ato atentatório à dignidade da Justiça e será sancionado com multa de até 2% da vantagem econômica pretendida ou do valor da causa, revertida em favor da União ou do Estado. Qualquer interpretação passadista desse dispositivo será um retrocesso na evolução do Direito pela via jurisdicional e um desserviço à Justiça (BRASIL, 2020-C).

O precedente em questão foi emanado num contexto em que a maior parte dos tribunais brasileiros se inclinava por reconhecer a ausência de nulidade pela não realização da audiência e, consequentemente, não aplicar, na imensa maioria dos casos, a multa do §8º do dispositivo em voga, apesar de a regra ser bastante clara ao dispor que "será sancionado", não deixando margem para discricionariedade judicial. É certo que o termo "injustificado" abre margem para discussões, mas apenas quando a parte se manifesta apresentando alguma razão por que faltou a audiência.

Outro interessante precedente do STJ acerca da aplicação da multa por litigância de má-fé objeto deste item diz respeito ao caso em que a parte se ausenta, mas é representada por advogado com poderes para transigir em procuração. Nesse caso, a interpretação dada aos §§9º e 10 do art. 334 do CPC, levou à conclusão que, ao passo que a norma determina a presença do advogado (§9º), não é feita qualquer vedação para que ele represente a parte (§10), razão pela qual a Quarta Turma do STJ reconheceu a inexigibilidade da multa no caso (BRASIL, 2021).

É importante lembrar que a aplicação da sanção processual se dá apenas às partes, não aos advogados e juízes, que, quando for o caso, serão responsabilizados nos termos do estatuto de regência de sua categoria – entendimento reiterado na jurisprudência do STJ (BRASIL, 2019-D).

Assim, a desobediência por parte do juiz ao comando legal previsto no art. 334 do CPC (seja por dispensar a audiência fora das hipóteses legais, seja por não sancionar a parte que não compareceu de maneira injustificada à audiência) não é causa para aplicação de sanções processuais.

3.3 Art. 331 do CPC/73 x Art. 334 do CPC/15

O art. 334 do CPC/15 não possui um correspondente no CPC/73, uma vez que não havia dispositivo no Código revogado que previsse audiências exclusivamente com finalidade autocompositiva no início do processo. A bem da verdade, podemos dizer que o dispositivo mais próximo da norma do art. 334 do Código atual era o art. 125, IV, do CPC/73, que previa a competência do juiz de "tentar, a qualquer tempo, conciliar as partes".[42]

---

[42] O correspondente do art. 125, IV, CPC/73, no código atual é o Art. 139, V, *in verbis*:
Art. 139. O juiz dirigirá o processo conforme as disposições deste Código, incumbindo-lhe:
V – promover, a qualquer tempo, a autocomposição, preferencialmente com auxílio de conciliadores e mediadores judiciais.

Contudo, desde a aprovação do Código de 2015, a parte da doutrina que debate sobre o teor do seu art. 334 tem feito comparação com o art. 331 do Código revogado, *in verbis*:

> Art. 331. Se não ocorrer qualquer das hipóteses previstas nas seções precedentes, e versar a causa sobre direitos que admitam transação, o juiz designará audiência preliminar, a realizar-se no prazo de 30 (trinta) dias, para a qual serão as partes intimadas a comparecer, podendo fazer-se representar por procurador ou preposto, com poderes para transigir. (Redação dada pela Lei nº 10.444, de 7.5.2002).
>
> §1º. Obtida a conciliação, será reduzida a termo e homologada por sentença. (Incluído pela Lei nº 8.952, de 13.12.1994).
>
> §2º. Se, por qualquer motivo, não for obtida a conciliação, o juiz fixará os pontos controvertidos, decidirá as questões processuais pendentes e determinará as provas a serem produzidas, designando audiência de instrução e julgamento, se necessário. (Incluído pela Lei nº 8.952, de 13.12.1994).
>
> §3º Se o direito em litígio não admitir transação, ou se as circunstâncias da causa evidenciarem ser improvável sua obtenção, o juiz poderá, desde logo, sanear o processo e ordenar a produção da prova, nos termos do §2º (Incluído pela Lei nº 10.444, de 7.5.2002).

Também aplicado ao procedimento comum, o art. 331 do CPC/73 guarda poucas semelhanças com o art. 334 do CPC/15. Basicamente, podemos citar a existência de uma tentativa de conciliação.

Contudo, esse não era o único escopo do dispositivo, pois, não obtida a autocomposição, passava-se, na mesma audiência, ao saneamento e, posteriormente, designava-se nova audiência, para instruir o processo (§2º). Outra crucial diferença está no momento de realização, pois a audiência preliminar do CPC/73 ocorria posteriormente à resposta do réu. Vale ainda destacar que a designação do ato não era obrigatória, o que se extrai da dicção do §3º, que deixa margem para o magistrado não marcar a audiência se as circunstâncias da causa evidenciarem ser improvável a obtenção de uma autocomposição. Mesmo o dispositivo não obrigando as partes a estarem presentes, bastando que se fizessem representar por procurador ou preposto, com poderes para transigir, assim como o art. 334 do CPC em vigor, não havia previsão de penalidade às partes em razão da ausência injustificada, diferentemente do que está disposto no §8º do art. 334 do Código atual.

O dispositivo tinha claramente o condão de imprimir agilidade ao processo, economizando a atividade processual, mas não de modo deliberado. É possível destacar três pontos positivos acerca da norma:

> a) prestigia-se a conciliação das partes, apaziguando os espíritos contendores, e criando condições para a autocomposição da lide; b) concentram-se, num único momento, a conciliação e o saneamento, dando aos advogados das partes a oportunidade de expor suas razões sobre questões e provas diretamente ao juiz; c) a instrução ganha corpo, na medida em que só se realizarão os atos estritamente necessários ao deslinde da controvérsia, com redução de tempo e dinheiro (ALVIM, 1999, p. 198).

Em 2015, "caiu" o modelo de audiência preliminar do CPC/73, adotando-se a norma do art. 334 do atual Código de Processo Civil. Parte da doutrina imputa tal mudança ao "reconhecido sucesso das audiências de conciliação nos diversos juizados especiais do país, somado à necessidade (sociológica e jurisdicional) de se incentivarem as técnicas alternativas à jurisdição de solução de conflitos" (ABELHA, 2016, p. 471).

Contudo, existem diversas diferenças entre a tentativa de conciliação prevista no procedimento de Juizados Especiais – normalmente realizada em audiência *una*, ou seja, onde se praticam diversos atos processuais – e a que foi prevista no CPC/15. Ao que tudo indica, não foram levadas em consideração as pesquisas empíricas já realizadas acerca da eficiência de uma audiência de conciliação isolada em procedimentos cíveis. Nesse sentido, a audiência prevista no art. 334 do CPC

> Difere, porém, do modelo dos Juizados, em que, após a realização da audiência de conciliação, realiza-se outra, a de instrução e julgamento, na qual é apresentada defesa pelo réu. Aqui, no modelo do NCPC, entre as duas audiências, a de conciliação e a de instrução e julgamento, deverão ser praticados inúmeros atos processuais, tais como: recebimento da defesa, apresentação da réplica e tréplica se necessário, saneamento do feito pelo juiz isoladamente em seu gabinete, momento no qual, inclusive, diante do que foi alegado pelas partes, deverá fixar os pontos controvertidos e deferir a produção de provas, inclusive aquelas a serem produzidas em audiência de instrução e julgamento. Nesse ponto vislumbramos um retrocesso: toda aquela atividade de saneamento

e concretização do litígio, em que o juiz, dialogando com as partes, fixa os pontos controvertidos e decide a respeito das provas que serão produzidas, perde seu caráter dialógico, e o princípio da cooperação, eleito como um dos princípios reitores do NCPC, é colocado de lado (GOUVEIA, 2014, p. 34).

A esse respeito, através de análise quantitativa, constatou-se um baixo índice nas audiências exclusivamente de conciliação dos Juizados Especiais Cíveis do Rio de Janeiro (abaixo de 20% em 2009) (PALETTA, 2011, p. 56). A mesma pesquisa, em sua conclusão, sugere a realização da audiência una, ou seja, que concentra a conciliação, instrução e julgamento no mesmo ato para tornar mais célere o procedimento, uma vez que a realização de duas audiências acaba muitas vezes gerando perda de tempo, já que a primeira audiência, de conciliação, tem pouca utilidade (PALETTA, 2011, p. 64).

Outro levantamento interessante é o recentemente publicado pelo Tribunal Regional Federal da 5ª Região com os resultados do CEJUSC/Recife. No relatório publicado, é feita distinção entre as audiências iniciais (art. 334 do CPC) e outras designadas no curso do processo. O percentual de acordo mensal para as audiências iniciais, de janeiro a agosto de 2019, é de, respectivamente, 18%, 5%, 7%, 16%, 25%, 14%, 12% e 22%. Já para as audiências realizadas em outras fases do processo, no mesmo período, é de 83%, 66%, 84%, 8%, 64%, 64%, 35% e 71%, números expressivamente superiores (PERNAMBUCO, 2019-B). O dado revela que os percentuais de acordo, naquele tribunal, são bem menores nas audiências do art. 334 do CPC que nas outras (sejam elas de conciliação em outras fases do processo, saneamento ou instrução).

Os dados acima contrastam com opiniões doutrinárias aparentemente sem respaldo empírico. O que a experiência mostra é que há uma tendência de queda nos índices de acordo quando a audiência é designada apenas com este fim.[43] Não optou, porém,

---

[43] Nesse ponto, podemos questionar: Os acordos realizados em fases posteriores do processo sofrem influência da realização da audiência *initio litis*? Parte da doutrina, já reproduzida aqui, entende que as tratativas, se bem conduzidas, podem amadurecer uma solução consensual posteriormente. Por outro lado, se a audiência é conduzida de maneira automática, com o famigerado questionamento: "tem proposta de acordo?", e posterior encerramento em caso de resposta negativa. Esse interessante questionamento só pode ser suficientemente respondido com dados empíricos, não sendo este, contudo, o recorte do presente trabalho.

o legislador do Código de 2015 por tal linha, buscando privilegiar de forma incisiva a autocomposição, através de, entre outros dispositivos, o art. 334. Mais à frente, veremos se tem sido positiva a experiência prática da realização das audiências em questão no âmbito de varas cíveis de uma grande capital brasileira.

3.4 Obrigatoriedade x autonomia da vontade das partes

3.4.1 Art. 334 do CPC/15 *versus* Artigos 2º, §2º *versus* 27 da Lei nº 13.140/15

A questão da obrigatoriedade da realização das audiências prévias é regulamentada tanto pelo Código de Processo Civil como pela Lei de Mediação. É importante verificar se há choque entre regras e, se houver, qual deve prevalecer.

Informa o art. 2º, §2º da Lei de Mediação que "Ninguém será obrigado a permanecer em procedimento de mediação". Interpretando esse dispositivo, há quem sustente que ele haveria revogado a regra da necessidade de dispensa expressa por ambos os litigantes prevista no art. 334 do CPC (MENDES; HARTMANN, 2016, p. 173).

Por outro lado, a mesma Lei de Mediação prevê mais adiante que "se a petição inicial preencher os requisitos essenciais e não for o caso de improcedência liminar do pedido, o juiz designará audiência de mediação" (art. 27), norma que não só ratifica o conteúdo normativo do art. 334 do CPC, mas também não traz qualquer hipótese de dispensa.

Analisando esses dois artigos da Lei de Mediação, é importante frisar que o seu art. 2º, §2º não traz norma que contraria o seu art. 27, ou ainda, o 334 do CPC. O que o referido dispositivo assegura é o direito de não iniciar uma sessão se não for da vontade de qualquer das partes – garantindo o princípio da autonomia da vontade das partes. Pelo termo "permanecer", nota-se não ser possível inferir que a parte poderá deixar de comparecer à sessão de mediação designada pelo juízo da causa, uma vez que, para "não permanecer", é preciso primeiramente "haver chegado".

Sobre o suposto conflito entre os artigos 27 da Lei nº 13.140/15 (Lei de Mediação) e 334 da Lei nº 13.105/15 (Código de Processo Civil), diferentes são as posições na doutrina. Como já dito, a Lei de Mediação foi aprovada posteriormente, mas entrou em vigor antes do CPC, além de ser especial, enquanto o *Codex* Processual é lei geral, razão pela qual, *a priori*, há quem entenda que, no conflito entre normas dessas duas leis, prevalece a Lei da Mediação (DIDIER JR., 2017, p. 702), apesar de haver posicionamentos divergentes na doutrina (CABRAL, 2016, p. 482-483).[44]

Sustentando, contudo, que não são diplomas contraditórios, mas se baseiam nos mesmos princípios, razão pela qual há um diálogo entre eles, é viável reconhecer a possibilidade de subsunção concomitante, devendo-se, em caso de dúvidas sobre qual norma aplicar, utilizar aquela que mais se coaduna com os princípios da mediação (TARTUCE, 2018, p. 286).

A interpretação de que são diplomas legais compatíveis conduz à possibilidade de dispensa da audiência inicial nas situações previstas no §4º do art. 334 do CPC, uma vez que: a) se ambas as partes dispensam a tentativa de autocomposição, há perfeita manifestação da autonomia da vontade em não se submeter ao ato, e; b) o art. 3º da Lei de Mediação, na mesma linha do CPC, fala que o procedimento só se aplica aos direitos que admitem autocomposição.

3.4.2 Críticas à obrigatoriedade

Desde que foi sancionado, o Código de Processo Civil em 2015, emergiram diversas críticas à obrigatoriedade da realização da audiência prévia do art. 334, prevista neste código, discutindo-se a possibilidade de os juízes dispensarem o ato em situações diferentes das previstas legalmente.

---

[44] É importante lembrar que a aplicação das normas da Lei de Mediação em detrimento do CPC em âmbito judicial, quando em suposto conflito, calharia em diferentes tratamentos entre os procedimentos de mediação e conciliação, pois este continua regulado pelo CPC/15 (GEVARTOSKY, 2016, p. 428).

A base dos questionamentos reside em saber se as referidas normas não iriam de encontro ao sistema multiportas, considerando que, quando se ajuíza uma ação, há evidente escolha por uma "porta": a da heterocomposição estatal. Essa indagação nos leva a outra: menosprezou-se o papel do advogado como agente de Acesso à Justiça, na medida em que, supostamente, considera que ele vem falhando na opção do meio mais adequado de solucionar os impasses de seus clientes? Adiantamos nossa posição: não, sobretudo por causa dos baixos índices de acordo constatados no levantamento empírico feito por ocasião desta obra.

Também vale inquirir: haveria violação à autonomia da vontade das partes com a imposição não só da audiência do art. 334, mas também dos arts. 565 e 695 do CPC? Para a maior parte da doutrina, sim.

> Todo ese proceso tiene como esencia ser voluntario, respetando la autonomía de la voluntad de las partes, admitiéndose incluso que sea incentivada la práctica de la mediación por un juez, pero excluyendo cualquier pretensión de convertirla en obligatoria, previa o incidentalmente a la demanda judicial.
> La mediación preventiva obligatoria no ha despertado mucha popularidad. Obviamente la crítica no recae sobre la utilidad de la mediación, sino en su transformación en una etapa obligatoria, como si fuera la poción mágica capaz de solucionar los problemas a los que se enfrentan los más diversos sistemas judiciales del mundo (PINHO; PAUMGARTTEN, 2012, p. 212).

A imposição da presença das partes em audiência gera uma centralização das sessões de mediação e de conciliação junto à estrutura do Judiciário, que pode causar no cidadão a noção de que o mediador tem os mesmos poderes que o juiz, dificultando a espontaneidade e o diálogo na sessão (SPENGLER; SPENGLER NETO, 2018, p. 262).

Tem-se percebido, com pouco tempo de vigência, alguns problemas inerentes às audiências prévias obrigatórias de conciliação ou mediação: a) os maiores litigantes do Judiciário brasileiro são os menos sensíveis à autocomposição, já que atuam "movidos pela estatística agregada à obtenção de vantagens e não pelos critérios de justiça e de respeito à ordem jurídica" (MACEDO; DAMASCENO, 2016, p. 1.040); b) um reducionismo nas técnicas aplicáveis à mediação e conciliação, que, quando judiciais, operam-se em uma reunião rápida, "num procedimento que se inicia pelo fim com a típica pergunta: "tem acordo?" (SPENGLER; SPENGLER NETO, 2018, p. 265), assim; c) tendo baixíssimos índices de satisfação do direito, a audiência vai de encontro ao princípio da eficiência, previsto no art. 8º (SANTOS; MUNIZ, 2017, p. 132); d) o que gera a impressão de que essas audiências "atendem muito mais aos interesses dos gestores da justiça que à vontade dos envolvidos na disputa" (TARTUCE, 2018, p. 77).

> Assim, carece conter o entusiasmo que a mediação vem gerando em vários contextos conflitivos considerando que ela é um mecanismo adequado em termos qualitativos para lidar com os conflitos, observando que, como qualquer outro mecanismo, ela possui falhas, interpretações equivocadas, utilização errônea e necessidade de revisão, ajuste e amadurecimento para que atinja o seu auge (em termos de aplicação e produtividade qualitativa e não só quantitativa/numérica) (SPENGLER; SPENGLER NETO, 2018, p. 271).

Esses problemas gerados em cadeia fazem com que a mediação de conflitos, tão festejada por alguns, passe a ser vista, ao menos em âmbito judicial, como um procedimento pouco produtivo e, ao fim e ao cabo, mais uma etapa quase sempre desnecessária e que torna ainda mais lento o processo judicial no Brasil.

Inicialmente, precisamos entender a complexidade da questão. Não é uma simples imposição legal de uma audiência que vai implementar o sistema multiportas nos conflitos civis. Não podemos sustentar essa visão reducionista, pois

> o êxito dessa promessa de um sistema multiportas de resolução de conflitos depende, obrigatoriamente, de que seja possível suplantar os desafios para a sua implementação: os de ordem estrutural (estrutura física para recebimento dos CEJUSCs, contratação de pessoal, organização de agendas e rotinas); os de ordem educacional (preparação dos operadores do direito, dos funcionários dos CEJUSCs e dos mediadores); e os de ordem cultural (criação de novos paradigmas sobre a utilização dos meios consensuais)" (MARCATO, 2016, p. 138).

Diante do que foi analisado ao longo deste capítulo, tem-se percebido a resistência, por parte de muitos magistrados, em aplicar o art. 334 do CPC. Tal problemática será examinada mais especificamente no próximo capítulo.

CAPÍTULO 4

UM OLHAR DOGMÁTICO (II): A DISPENSA DA AUDIÊNCIA DO ART. 334 DO CPC EM SITUAÇÕES NÃO PREVISTAS LEGALMENTE E AS BALIZAS PARA A ARGUMENTAÇÃO *CONTRA LEGEM*

4.1 Os principais "dribles hermenêuticos" à regra do art. 334 do CPC

Nos feitos cíveis, a ocorrência de uma das hipóteses legais de dispensa da audiência tem sido bastante rara, principalmente porque muitos réus se utilizam da prerrogativa de não pedir dispensa a fim de ganhar tempo para oferecer sua resposta – prerrogativa esta que independe do interesse de conciliar ou da formulação de proposta na audiência.[45]

Assim, alguns juízes vêm dispensando as audiências obrigatórias em situações distintas das mencionadas linhas atrás, sejam aquelas previstas no §4º do art. 334 do CPC, sejam aquelas que são incompatíveis ou dispensáveis por decorrência lógica. Trata-se de verdadeiros *dribles hermenêuticos*, expressão alcunhada por Lenio Streck para situações em que o Judiciário dá a "volta" em

---

[45] Situação que desafia a própria constitucionalidade do dispositivo, por violação à garantia fundamental de duração razoável do processo, já que enseja um aumento desarrazoado do prazo de resposta do réu e, consequentemente, do tempo de tramitação do processo (PAULA FILHO; PEREIRA, 2020).

um dispositivo legal válido, violando o que é elementar no direito: "uma lei ou dispositivo vigente e válido não pode ser contornada ou desviada" (STRECK, 2016).

Aplicando essa ideia à temática ora investigada, diversos são os dribles realizados por juízes para não aplicar o art. 334 do CPC, como afirma Marcelo Mazzola: a) violação da duração razoável do processo; b) desinteresse já manifestado pelo autor na petição inicial; c) postergação do ato para outra fase processual; d) violação do acesso à justiça; e) distorção da expressão "sempre que possível" (art. 3º, §2º, CPC); f) autocomposição, interesse público e direitos indisponíveis (2017, p. 254-259).

Em relação ao primeiro drible, alguns juízes fundamentam a não marcação da audiência com base na constatação de que, sendo pouco provável o acordo, ela atrasa a marcha processual. Já ao segundo, o fundamento é o do princípio da voluntariedade (ou autonomia da vontade), que rege os procedimentos da conciliação e mediação. Quanto ao terceiro, entendem alguns magistrados que a dispensa da audiência não prejudica qualquer iniciativa autocompositiva, uma vez que o acordo pode ser firmado a qualquer tempo do processo, inclusive sem a realização de uma audiência judicial. No que tange ao quarto, muito semelhante (e praticamente com o mesmo objetivo) ao primeiro drible, a ideia seria a de que a prestação jurisdicional ficaria, ainda que momentaneamente, inviabilizada. Já o quinto, seria dado ao art. 334 pela aplicação da norma fundamental contida no art. 3º, §2º, do CPC, que diz que o Estado promoverá, sempre que possível, a solução consensual dos conflitos, justificativa que seria suficiente para ficar sob o critério do juiz o momento da realização da audiência. O sexto drible diz respeito ao problema já delatado linhas atrás da equivocada generalização dos direitos indisponíveis como insuscetíveis de autocomposição.

Para além das mencionadas acima, outras justificativas têm sido utilizadas. Uma delas é a falta de estrutura física ou de recursos humanos, quando o foro não conta com CEJUSC ou com quadro de conciliadores e mediadores (hipótese que poderia se encaixar no drible da "violação do acesso à justiça"). Outra é a constatação do juiz de que "o réu não concilia ou não costuma levar proposta de acordo", a exemplo dos processos que envolvem seguro DPVAT, nos quais a seguradora apenas formula proposta de acordo após realização de perícia judicial.

Desta feita, percebemos que diversas são as justificativas apresentadas doutrinariamente (e, também, em diversas decisões judiciais) para dispensar um ato processual reputado obrigatório por simples leitura de seu enunciado, em nome de princípios e valores. Em síntese, parte da doutrina tem defendido que

> cabe ao juiz, ao longo de todo o procedimento, ponderar valores e princípios (busca pela autocomposição, duração razoável do processo, efetividade da tutela jurisdicional etc.), tal como permitido (*rectius*: imposto) pelo art. 8º. De acordo com o princípio da adequação, pode (deve) o juiz modificar o procedimento (atos e fases processuais), adequando-o às peculiaridades do caso concreto (adequação judicial atípica) (REDONDO, 2018, p. 268).

Não menos importante, há ainda a dispensa da audiência sem qualquer justificativa. Em outras palavras, como se estivesse sob a égide do CPC/73, ao receber uma petição inicial sem vícios e sem causa para improcedência liminar, o despacho limita-se a um "cite-se".

As decisões com base nos argumentos expostos acima podem ser consideradas ilegais? Estaríamos diante de um ativismo ou voluntarismo judicial ou de hipóteses de fundamentação com base na superação da norma?

4.2 Argumentação *contra legem* nas decisões que afastam a aplicação da norma do art. 334 do CPC

4.2.1 O voluntarismo judicial

O termo "voluntarismo" está intimamente ligado à ideia de ativismo judicial, caracterizado quando, "entre muitas soluções possíveis, a escolha do juiz é alimentada pela vontade de acelerar a transformação social ou, ao contrário, de travá-la" (GARAPON, 1999, p. 56). Agindo assim, a decisão não se pauta na legalidade vigente, mas na convicção do julgador (ABBOUD, 2015, p. 32). Na dimensão decisória,

> o ativismo consiste na suspensão da legalidade (CF + lei) como critério decisório por um critério voluntarista que pode ser puramente ideológico,

econômico, moral, religioso etc. Ou seja, por meio do ativismo, no Brasil, os pré-compromissos democráticos (Constituição e leis) são suspensos pelo julgador e substituídos por sua subjetividade/discricionariedade. Nessa dimensão, o juiz adquire uma faceta messiânica como intérprete do futuro da sociedade, o *escolhido* (*vanguarda iluminista*) para guiar a sociedade na direção do caminho correto (ABBOUD, 2020, p. 1.398-1.399).

Da ideia exposta acima, percebe-se que o ativismo se serve de concepções voluntaristas para não cumprir a lei, na crença de que o juiz pode cumprir promessas que, sob determinado ponto de vista, a lei ou a Constituição não cumpriram.

O voluntarismo traz um plus ao ativismo judicial. Ele permite ao julgador a aniquilação das regras pelo simples fato delas serem ruins, de não servirem ao seu propósito, de não serem "justas" ou "adequadas" o bastante. Realiza-se um gerenciamento sanitário-legal, a partir da lente do julgador, desprezando a lei "imprestável" (CARVALHO FILHO; CARVALHO, 2019, p. 91).

Nesse âmbito, é possível dizer que, ao proferir decisões para dispensar a audiência do artigo 334 do CPC, fora das hipóteses legais, age o magistrado de maneira ativista ou voluntarista? É preciso identificar, antes de qualquer conclusão precipitada, se o fundamento legal utilizado na decisão é válido para gerar uma superabilidade da norma afastada.

4.2.2 Argumentação *contra legem* em casos de superação da norma e a interpretação adequada do art. 334 do CPC

Por qualquer razão que seja (obsolescência, inadequação com os princípios que regem a mediação/conciliação, inconstitucionalidade, etc.), a norma central do art. 334 do CPC estaria superada? Respondendo positivamente à indagação e considerando que a norma não foi revogada por lei ou declarada inconstitucional pelo Supremo Tribunal Federal, estariam os juízes de primeira instância autorizados a afastá-la quando as circunstâncias, *a priori*, exigirem?

Inicialmente, é importante frisar que a *norma* não se confunde com o texto positivado na lei, o qual podemos chamar de *enunciado normativo*. A norma é o significado do enunciado normativo (ALEXY, 1993, p. 51). Assim, o objeto da interpretação (processo de transformar textos em normas) é o *texto normativo*, sendo a norma o seu resultado (GRAU, 2009, p. 27).

No objeto ora estudado, o enunciado normativo é o art. 334 do CPC, enquanto a norma extraída desse texto é a da obrigatoriedade da realização da audiência de conciliação ou mediação antes da resposta do réu, salvo se ambas as partes dispensarem o ato ou o direito for insuscetível de autocomposição.

Sem necessidade de maiores delongas acerca da distinção entre princípios e regras, é preciso afirmar que a norma que se extrai do art. 334 do CPC tem natureza de *regra*. Isso porque, embora haja divergências na doutrina sobre a distinção entre princípios e regras,[46] as conclusões calham em, se analisarmos concretamente o enunciado, apontar sua norma na categoria de regra.

Mesmo que alguns enunciados normativos possuam significações indeterminadas, é possível quase sempre indicar em quais situações certamente não se aplicam:

> Compreender "provisória" como permanente, "trinta dias" como *mais de trinta dias*, "todos os recursos" como *alguns recursos*, "ampla defesa" como *restrita defesa*, "manifestação concreta de capacidade econômica" como *manifestação provável de capacidade econômica*, não é concretizar o texto constitucional. É, a pretexto de concretizá-lo, menosprezar seus sentidos mínimos. Essa constatação explica por que a doutrina tem

---

[46] Robert Alexy defende que os princípios são normas que ordenam que algo seja realizado na maior medida possível, dentre as possibilidades jurídicas e reais existentes, sendo assim mandatos de otimização, caracterizados pelo fato de poderem ser cumpridos em diferentes graus. Por sua vez, as regras são normas que só podem ser cumpridas ou não, isto é, se uma regra é válida, há de se fazer exatamente o que ela exige, nem mais nem menos. Portanto, as regras contêm determinações no âmbito do que é fática ou juridicamente possível (ALEXY, 1993, p. 86-87). Com algumas críticas e ressalvas, Humberto Ávila entende que "as regras são normas imediatamente descritivas, primariamente retrospectivas e com pretensão de decidibilidade e abrangência, para cuja aplicação se exige a avaliação da correspondência, sempre centrada na finalidade que lhes dá suporte ou nos princípios que lhes são axiologicamente sobrejacentes, entre a construção conceitual da descrição normativa e a construção conceitual dos fatos. Os princípios são normas imediatamente finalísticas, primariamente prospectivas e com pretensão de complementaridade e de parcialidade, para cuja aplicação se demanda uma avaliação da correlação entre o estado de coisas a ser promovido e os efeitos decorrentes da conduta havida como necessária à sua promoção" (ÁVILA, 2005, p. 70). É possível perceber que, analisando a norma da obrigatoriedade da realização das audiências de mediação ou conciliação iniciais, extraída do texto do art. 334 do CPC, aderindo a um ou outro conceito, conferiríamos inevitavelmente a natureza de *regra*.

tão efusivamente criticado algumas decisões preferidas pelo Supremo Tribunal Federal (ÁVILA, 2005, p. 25).

Entender esses "significados mínimos" é uma premissa necessária para a análise ora proposta. Isso porque será *contra legem* a argumentação que for contrária aos significados mínimos que possuem um ou mais textos jurídicos cuja validade se mantém fora de dúvida. Por essa espécie de argumentação, busca-se comprovar a impossibilidade jurídica de uma decisão judicial fiel aos significados preliminares do enunciado que dá suporte à norma em questão. Ocorre que os significados mínimos estão a condicionar o processo de determinação do significado definitivo da norma, só podendo ser desprezados caso se comprove a inconstitucionalidade do enunciado em questão (BUSTAMANTE, 2005, p. 182).

Porém, para a doutrina ora mencionada, não é sempre que a argumentação contrária à lei será inadequada, já que as normas jurídicas são sempre superáveis, ao passo que todo condicional jurídico comporta exceções diante de um caso particular. Os enunciados jurídicos restariam, pois, condicionados à manutenção da situação fática para a qual foram concebidos (BUSTAMANTE, 2005, p. 232-233).

Contudo, há uma ressaltada excepcionalidade na superação das regras, que só deve acontecer se for estabelecida uma exceção para o caso concreto, "seja com fundamento na razão motivadora da própria regra ou com base na concretização de princípios que geram razões para o estabelecimento de uma cláusula de exceção" (BUSTAMANTE, 2005, p. 293).

Por conseguinte, é importante diferenciar a aplicabilidade de uma regra da satisfação das condições previstas em sua hipótese.

> Obviamente, a característica da superabilidade, no caso específico das *regras*, diz respeito a situações excepcionais, as quais tenham sido imprevistas e imprevisíveis quando da criação dos enunciados normativos que as originaram. A efetiva superação de uma norma jurídica válida será tanto mais difícil quanto maior for o componente descritivo-comportamental presente na sua moldura normativa (BUSTAMANTE, 2005, p. 246).[47]

---

[47] Ao passo que a superabilidade das regras é excepcional, a dos princípios é "imanente, pois toda vez que se aplica um princípio deve-se considerar o peso de princípios contrapostos

Analisando os principais textos do enunciado normativo em estudo (art. 334 do CPC), temos: a) "o juiz *designará* audiência de conciliação ou de mediação" (*caput*); b) bem como [a audiência não será realizada] "se ambas as partes manifestarem, expressamente, desinteresse na composição consensual" (§4º, I); e c) "quando não se admitir a autocomposição" (§4º, II). Deles, extrai-se que foi determinada pelo legislador uma obrigatoriedade quanto à realização da audiência de conciliação ou mediação salvo duas exceções. Dessa forma, é preciso observar que, tal como os pensamentos de Ávila e Bustamante acima citados, existem *significados mínimos* nesses enunciados que não podem ser desprezados e, quando interpretados de modo diferente, denotam a impossibilidade jurídica de uma decisão judicial fiel aos significados preliminares do enunciado do art. 334 do CPC. Nessa senda, podemos destacar os termos: 1) designará; 2) ambas as partes; 3) expressamente; e 4) não se admitir.

O primeiro termo constitui significado mínimo que impede, salvo as exceções legais, a possibilidade de *não designação* da audiência, que é justamente o sentido diametralmente oposto do que se extrai do texto. Nesse diapasão, como já demonstrado, o CPC/73 dispunha de audiência preliminar na qual se tentava a conciliação, conforme seu art. 331. Contudo, o §3º do referido código previa a possibilidade de dispensa se "o direito em litígio não admitir transação, ou *se as circunstâncias da causa evidenciarem ser improvável sua obtenção*, [...]". Essa segunda parte, que fizemos questão de destacar, era uma cláusula aberta que autorizava o magistrado para, em qualquer situação que pudesse obstar a autocomposição (pedido de dispensa da audiência por somente uma das partes, constatação que o réu não propõe acordo no início do processo, natureza ou complexidade da causa, possibilidade de realização da audiência em outra fase, etc.), dispensar a audiência. Aqui, não havia o que se falar em um significado mínimo que impunha *obrigatoriedade* na designação da audiência, como há no art. 334 do código em vigor.

O segundo e o terceiro, por sua vez, vedam a possibilidade de dispensa da audiência quando alguma parte não requerer de modo expresso a audiência. Aliás, a interpretação de Alexandre

---

que incidem sobre o mesmo caso, já que muitas vezes os princípios se referem a fins irrealizáveis simultaneamente" (BUSTAMANTE, 2005, p. 293).

Freitas Câmara (2016, p. 201), citada linhas atrás, é um bom exemplo de como os termos operam como significados mínimos, já que, para concluir pela possibilidade de dispensa da audiência com requerimento de apenas um dos litigantes, recorreu-se à utilização de hermenêutica teleológica, fazendo preponderar um princípio em detrimento do sentido literal de texto que exprime uma regra.

Por fim, o quarto termo também constitui significado mínimo a exigir comprovação de que o direito debatido judicialmente não comporta autocomposição, reiterando-se a ilegalidade do fundamento pautado exclusivamente na indisponibilidade (ou na natureza pública) do direito, já superada na Legislação Brasileira.

Vale relembrar que os enunciados se condicionam à manutenção da situação fática para a qual foram concebidos. Diante disso, importa questionar: que situações de fato obstariam a aplicação da norma do art. 334 do CPC?

Como demonstrado, na doutrina de Thomas Bustamante (que se vale de referenciais como Alexy e Ávila), tal superabilidade só caberia em situações imprevistas e imprevisíveis quando da criação dos enunciados normativos que as originaram. Em que pese a concordância com a exigência de observação dos significados preliminares, é preciso destacar que a ideia de superação da norma em situações imprevistas ou imprevisíveis, quando da criação do enunciado normativo, é bastante problemática, tendo em vista ser praticamente impossível extrair a vontade pura do legislador, ou ainda, saber, nas discussões em âmbito legislativo, quais eventuais hipóteses de superação da norma foram previstas e consideradas.

Entendemos, desta feita, que permitir a argumentação *contra legem* em caso de uma suposta imprevisibilidade de situação que excepcione a norma é problemático e abre espaço para voluntarismos.

Nesse tocante, insta ressaltar que o nosso ordenamento jurídico institucionaliza hipóteses de superação da norma por decisão judicial, a exemplo da declaração de inconstitucionalidade no caso concreto (controle difuso) pelo magistrado ou por maioria do Tribunal local (art. 97, CF/88). Fora desta hipótese, alerta parte da doutrina que fugir da literalidade das leis e da própria Constituição atenta contra os fundamentos da democracia e transforma o Judiciário em uma intolerável e perversa caixa de surpresas (ABBOUD, 2020, p. 1.419).

Além da declaração de inconstitucionalidade, temos as hipóteses de antinomia, quando "uma norma determina uma certa conduta como devida e outra norma determina também como devida uma outra conduta, inconciliável com aquela" (KELSEN, 2006, p. 228). O choque entre normas (especial x geral; posterior x anterior; superior x inferior) tem previsão no art. 2º da Lei de Introdução às Normas do Direito Brasileiro, que autoriza o magistrado a decidir de maneira contrária ao texto expresso da lei que não deve prevalecer no conflito.

Considerando possível choque entre regras – resolvido pela lógica do "tudo ou nada" –, vale reforçar os parâmetros legais fixados no item 3.2.3 (Hipóteses legais de dispensa): a) a razão da dispensa deve ter parâmetro legal; b) esse parâmetro legal é constituído em uma norma com natureza de regra; c) essa regra derroga a obrigatoriedade por: c.1) incompatibilidade com o art. 334 do CPC (como o negócio jurídico processual e a existência de medida protetiva), ou; c.2), satisfação, por outra via, do escopo da norma (como a realização de mediação ou conciliação anteriormente ao ajuizamento da ação, em câmara privada, CEJUSC pré-processual ou em audiência nos Juizados Especiais Cíveis).

Ao fim e ao cabo, o que importa destacar é que esse filtro necessário para a legitimação do argumento *contra legem* como possível na atuação jurisdicional é corolário de uma série de princípios do Estado Democrático de Direito, que sustentam a Separação dos Poderes e o devido processo legal. Tais conclusões não importam dizer que o juiz deve voltar a ser um mero "boca da lei", uma vez que restou evidente que o direito pressupõe um conjunto de normas superáveis, sendo o intérprete, inevitavelmente, um dos agentes de criação da referida ciência.

Não se pretende aqui afirmar categoricamente que a utilização de fundamentos contrários à lei nas decisões que dispensam a audiência do art. 334 do CPC são ilegítimos ou ativistas/voluntaristas. Tal análise é impossível *a priori*, porque, como demonstrado, são situações fáticas que temperam a possibilidade de uso desses argumentos. O que se pretende é demonstrar, ao menos dogmaticamente, que decisões, como as que dispensam *contra legem* a audiência inicial do CPC/15, podem expressar a criação do direito de modo ilegítimo, na medida em que um comando do legislador, dotado de significados mínimos, requer detida observação.[48]

Portanto, em sendo a superação de regra vigente uma situação excepcional, desde já podemos afirmar que os altos índices de inobservância da norma do art. 334 do CPC, que vêm sendo denunciados pela doutrina, precisam ser, no mínimo, objeto de aprofundada discussão para investigar posturas voluntaristas ou necessidade de modificação da lei. Fato é: o que é para ser excepcional não pode ser tratado como normal, repetindo-se com frequência.

4.2.3 A imposição constitucional e legal de fundamentar as decisões judiciais

Para além da problemática da (i)legitimidade dos argumentos *contra legem* para dispensar a realização das audiências do art. 334 do CPC, outro fato chama atenção: a fundamentação pobre, quiçá inexistente, dessas decisões judiciais.

O dever de fundamentação é previsto constitucionalmente como inerente ao exercício da magistratura. Se não observado, a decisão padecerá de nulidade.

> Art. 93, IX – todos os julgamentos dos órgãos do Poder Judiciário serão públicos, e fundamentadas todas as decisões, sob pena de nulidade, podendo a lei limitar a presença, em determinados atos, às próprias partes e a seus advogados, ou somente a estes, em casos nos quais a preservação do direito à intimidade do interessado no sigilo não prejudique o interesse público à informação; (Redação dada pela Emenda Constitucional nº 45, de 2004).

---

[48] Inclusive, porque, conforme já discutido, há quem acredite que o modelo de audiências previstas no CPC busca uma mudança de cultura lenta e gradual, devendo ser respeitada na sua literalidade: "Essa é a nova mentalidade que acaba de introduzir no próprio Código de Processo Civil as práticas até aqui definidas como métodos alternativos aos meios (judiciais) tradicionais de resolução de conflitos e, bem é sabido que, obviamente, esse novo pensar enfrentará muitas e diversificadas resistências, algumas delas ditadas tanto pelo conservadorismo, justificado ou não, quanto pela acomodação ante a árdua tarefa de assumir um método de condução de processos que, com certeza, irá impor mais atividades por parte da máquina do Judiciário" (BUZZI, 2017, p. 272). Ou ainda, defendendo que sequer deveriam ser previstas hipóteses de dispensa da audiência prévia de conciliação para uma efetiva mudança cultural: "Neste momento de mudança de paradigma, o nosso entendimento é no sentido de que a plena obrigatoriedade teria sido melhor" (VASCONCELOS, 2015, p. 103).

Em reforço à imposição constitucional, o legislador do CPC/15 pensou em um rol que constasse exemplos de decisões não fundamentadas, expresso no art. 489, §1º:

> §1º Não se considera fundamentada qualquer decisão judicial, seja ela interlocutória, sentença ou acórdão, que:
> I – se limitar à indicação, à reprodução ou à paráfrase de ato normativo, sem explicar sua relação com a causa ou a questão decidida;
> II – empregar conceitos jurídicos indeterminados, sem explicar o motivo concreto de sua incidência no caso;
> III – invocar motivos que se prestariam a justificar qualquer outra decisão;
> IV – não enfrentar todos os argumentos deduzidos no processo capazes de, em tese, infirmar a conclusão adotada pelo julgador;
> V – se limitar a invocar precedente ou enunciado de súmula, sem identificar seus fundamentos determinantes nem demonstrar que o caso sob julgamento se ajusta àqueles fundamentos;
> VI – deixar de seguir enunciado de súmula, jurisprudência ou precedente invocado pela parte, sem demonstrar a existência de distinção no caso em julgamento ou a superação do entendimento.

É necessário lembrar que o rol acima é meramente exemplificativo, pois não pode o legislador infraconstitucional suprimir ou mitigar direito fundamental constitucional em sede de legislação ordinária (GOUVEIA, 2017, p. 277). Assim, qualquer modalidade de decisão não devidamente fundamentada, ainda que não prevista nos incisos do art. 489, §1º, do CPC, é nula porque é bastante a imposição do art. 93, IX, da CF/88.

Sempre que se for fazer um "ajuste", incide a regra da fundamentação (ajuste que aporta o mesmo radical de "justificação"). Determinados atos dispensam a fundamentação, a exemplo do "cite-se para pagar" no processo executivo, em cumprimento ao art. 827 do CPC, porque há previsão legal desses atos, que estão sendo feitos exatamente dessa forma, não havendo ajustes a fazer. Outros atos decisórios, contudo, possuem ônus argumentativos dos quais deve o magistrado se desincumbir, sendo este o exemplo da decisão que se utiliza de argumentação *contra legem*. Isso porque, como visto linhas atrás, em se tratando de regras, a superação é excepcional, o que requer maior cuidado por parte do magistrado para não criar ilegitimamente o direito.

Nesse sentido, "a superação de um princípio – enquanto consequência natural de uma ponderação – não precisa ultrapassar nenhum obstáculo institucional, ao passo que as regras, por estas constituírem razões decisivas, demanda uma justificação muito mais forte" (BUSTAMANTE, 2005, p. 235), ou, nos dizeres de Ávila, "com uma fundamentação capaz de ultrapassar a trincheira decorrente da concepção de que as regras devem ser obedecidas" (2005, p. 41).

Vale frisar: não estamos sustentando a possibilidade de argumentar *contra legem* desde que o magistrado fundamente bem. Em verdade, diante da possibilidade de argumentar *contra legem*, deve o magistrado observar o dever de fundamentação. A boa fundamentação não é a causa, mas sim a consequência da opção de, dentro dos limites institucionais, utilizar argumentos contrários à lei.

Apesar de não se ter estabelecido expressamente o dever de fundamentar as decisões contrárias à lei, podemos encontrar no CPC/15 previsão de tal dever para situação bastante semelhante: as decisões que modificam precedentes vinculantes ou estáveis dos tribunais, conforme a dicção do art. 927, §4º, *in verbis*:

> Art. 927, §4º. A modificação de enunciado de súmula, de jurisprudência pacificada ou de tese adotada em julgamento de casos repetitivos observará a necessidade de fundamentação adequada e específica, considerando os princípios da segurança jurídica, da proteção da confiança e da isonomia.

Nesse sentido, devemos rechaçar a natureza de *despacho* de todo pronunciamento judicial cuja argumentação é contrária ao texto expresso de uma norma cogente (ou enunciado vinculante). É possível dizer que o ato pelo qual o juiz designa uma audiência inicial de conciliação ou mediação é um despacho, porque, ao simplesmente seguir a lei, não há ajustes. Contudo, ao agir de modo diverso do que está previsto no art. 334 do CPC, o pronunciamento terá natureza de decisão interlocutória,[49] pois sobre ele recairá o

---

[49] A distinção entre os pronunciamentos do juiz encontra-se no art. 203 do CPC. Conforme o dispositivo:
Art. 203. Os pronunciamentos do juiz consistirão em sentenças, decisões interlocutórias e despachos.
§1º Ressalvadas as disposições expressas dos procedimentos especiais, sentença é o pronunciamento por meio do qual o juiz, com fundamento nos artigos 485 e 487, põe fim à

ônus argumentativo de afastar a norma no caso concreto e, assim, o pronunciamento será recorrível.

O fato é que, hoje, em matéria de audiências prévias de conciliação e mediação, tem sido recorrente o proferimento de decisões com argumentos contrários à lei, mesmo que tal postura, como visto, deva ser excepcional. Portanto, analisaremos empiricamente dados coletados sobre o art. 334 do CPC: seja sobre a realização das audiências, seja em relação à postura dos magistrados diante do dever de, em regra, designar o ato.

---

fase cognitiva do procedimento comum, bem como extingue a execução.
§2º Decisão interlocutória é todo pronunciamento judicial de natureza decisória que não se enquadre no §1º.
§3º São despachos todos os demais pronunciamentos do juiz praticados no processo, de ofício ou a requerimento da parte.

UM OLHAR EMPÍRICO (I): ANÁLISE QUANTITATIVA DAS AUDIÊNCIAS INICIAIS DE CONCILIAÇÃO E MEDIAÇÃO NO CÓDIGO DE PROCESSO CIVIL DE 2015

5.1 Inicialmente: da inexistência/insuficiência dos dados empíricos oficiais publicados sobre audiências iniciais de conciliação/mediação

A análise empírica que será feita neste e no próximo capítulo mostra-se importante antes de tudo porque não há dados oficiais de natureza semelhante publicados sobre as audiências do art. 334 do CPC, seja a nível nacional, seja pelo Tribunal de Justiça de Pernambuco (TJPE), o qual abriga os juízos objeto da análise feita neste trabalho.

O principal relatório anual do Conselho Nacional de Justiça sobre o funcionamento do Poder Judiciário brasileiro, o "Justiça em Números", não permite analisar as audiências prévias de conciliação e mediação do art. 334 do CPC, pois, ainda que exponha resultados de cada tribunal, o dado mais próximo do que se pretende obter é o do índice de conciliação na fase de conhecimento no primeiro grau, que, no TJPE, por exemplo, no ano de 2019, foi de 19,3% (BRASIL, 2020-B, p. 176). Contudo, a falta de precisão desse dado reside em três fatos: a) exprime toda e qualquer matéria e tipo de procedimento, não só o comum ou os cíveis (assim, dados relativos aos processos de família influenciam no percentual); b) trata-se de acordo realizado em qualquer momento da fase de conhecimento no primeiro grau, não apenas na audiências *initio litis*; c) não se faz distinção da natureza dos acordos (se firmados em audiência judicial ou entre negociação privada de iniciativa das partes), pois o índice em questão é extraído da relação entre sentenças homologatórias de acordo em comparação com o total de sentenças e decisões terminativas proferidas (BRASIL, 2020-B p. 171).[50]

Por sua vez, no site do Tribunal de Justiça de Pernambuco, na aba de "Produtividade" dos serviços de Conciliação e Mediação, podemos encontrar tabelas que expõem a produtividade mensal.[51] Acerca da abrangência do levantamento, consta a seguinte explicação:

> Ressalte-se que estão incluídos nos números obtidos, os resultados provenientes das sessões de conciliação e mediação realizadas nas Casas de Justiça e Cidadania, nos Centros Judiciários de Solução de Conflitos e Cidadania, nas Câmaras Privadas de Conciliação e Mediação e no Proendividados.
> Destaque-se ainda, que os resultados das ações do Programa Justiça Itinerante e das Pautas Concentradas de Conciliação de Processos são contabilizados nos números aferidos pela respectiva unidade que tenha promovido a ação, de modo que se incluem no número global aqui apresentado.
> Além disso, os resultados da Semana Nacional da Conciliação podem ser encontrados na respectiva página de informações do evento e não englobam o montante global extraído dos sistemas e aqui apresentados (PERNAMBUCO, 2020).

Analisando os dados publicados, faz-se distinção em 3 categorias: "Resultado Geral das Sessões de Conciliação", "Resultado

---

[50] A primeira edição do relatório *Justiça em Números* a expor os índices de conciliação foi o de 2016, que teve 2015 como ano-base, que divulgou o índice de 16,4% de conciliações no TJPE (BRASIL, 2016-A, p. 100), valor que não pode ser comparado ao de 2018 porque engloba todas as fases do processo e graus de jurisdição. A partir do ano seguinte, passou-se a analisar por fase processual e grau de jurisdição. Tomando por ano-base 2016, o percentual obtido no TJPE foi de 20,7% (BRASIL, 2017, p. 129), enquanto em 2017 foi de 18,4% (BRASIL, 2018, p. 141), e em 2018 foi de 19,5% (BRASIL, 2019-A, p. 146), valores que, em comparação com 2019, demonstram uma estabilidade com leve variação, ora para mais, ora para menos.

[51] Em 2017, foi publicado um relatório de produtividade dos conciliadores e mediadores do Tribunal em questão. Neste, mostra-se especificamente a produtividade em Recife, cujo percentual é de 65,43% (PERNAMBUCO, 2017-A, p. 2-3).

CAPÍTULO 5 | 105

UM OLHAR EMPÍRICO (I): ANÁLISE QUANTITATIVA DAS AUDIÊNCIAS INICIAIS DE CONCILIAÇÃO...

das Sessões de Conciliação PRÉ-PROCESSUAIS" e "Resultado das Sessões de Conciliação PROCESSUAIS", interessando-nos, para os fins desta obra, a terceira categoria. Vejamos os dados divulgados no referido sítio eletrônico referentes aos anos de 2017 a 2020, nas tabelas 1 a 4.

TABELA 1

2017 - Resultado das Sessões de Conciliação PROCESSUAIS

Sessões de Conciliação Agendadas	1.816
Sessões de Conciliação Realizadas	959
Acordos Homologados	188
% de Acordos	19,60%
Valores Homologados	R$ 3.546.465,69

Fonte: PERNAMBUCO, 2020.

TABELA 2

2018- Resultado das Sessões de Conciliação PROCESSUAIS

Sessões de Conciliação Agendadas	15.845
Sessões de Conciliação Realizadas	13.218
Acordos Homologados	3.556
% de Acordos	26,90%
Valores Homologados	R$ 226.034.710,09

Fonte: PERNAMBUCO, 2020.

TABELA 3

2019 - Resultado das Sessões de Conciliação PROCESSUAIS

Sessões de Conciliação Agendadas	26.627
Sessões de Conciliação Realizadas	23.252
Acordos Homologados	5.972
% de Acordos	25,68%
Valores Homologados	R$ 146.664.933,66

Fonte: PERNAMBUCO, 2020.

TABELA 4

2020 - Resultado das Sessões de Conciliação PROCESSUAIS

Sessões de Conciliação Agendadas	16.340
Sessões de Conciliação Realizadas	11.647
Acordos Homologados	3.494
% de Acordos	30,00%
Valores Homologados	R$ 35.081.348,96

Fonte: PERNAMBUCO, 2020.

Como se pode perceber, os dados acima mesclam os resultados dos CEJUSCs de diferentes cidades, além de não divulgar oficialmente quais tipos de processo/audiência vão para o CEJUSC processual. Pode-se questionar se as sessões de mediação de ações de família, designadas por força do art. 695 do CPC, ou se outras audiências de conciliação designadas no curso do processo cível são remetidas ao CEJUSC, ou se o órgão apenas realiza audiências do art. 334 do CPC.[52]

Outra crítica que pode ser feita – esta de ordem metodológica – aos valores divulgados é que o percentual de produtividade foi extraído apenas das audiências realizadas, desprezando-se as audiências marcadas, porém frustradas, já que os índices de audiências não realizadas não compreendem números desprezíveis. Pelo contrário, a não realização de uma audiência designada representa gasto de tempo, dinheiro e energia dos agentes envolvidos. Ademais, quando muito elevados os índices de frustração das audiências, eles tendem a mostrar descrédito no instituto da conciliação/mediação propriamente ditos ou na forma como são conduzidos no âmbito do tribunal pesquisado.

Visando acompanhar o funcionamento do NUPEMEC e no CEJUSC da comarca de Recife (TJPE), entre os dias 8 e 12 de abril de 2019, o Conselho Nacional de Justiça realizou inspeção nestes órgãos, onde constatou alguns entraves para a efetivação da Política

---

[52] Nesse sentido, em pesquisa feita nas Câmaras de Conciliação, Mediação e Arbitragem (CCMA) do TJPE entre 2008 e 2009, identificou-se uma grande disparidade entre os índices de acordo dos processos de família e cíveis. Os primeiros ficaram no patamar de 46%, enquanto os segundos, com apenas 13% (GOMES NETO; ALVES, 2012, p. 335), o que revela que é prudente que sejam divulgados separadamente.

Judiciária Nacional de tratamento adequado dos conflitos de interesses no âmbito do Poder Judiciário, preconizada pela Resolução nº 125/2010 do CNJ, e endossada por outros diplomas legais, a exemplo do CPC/15 e da Lei de Mediação.

Constatou-se que o NUPEMEC não possuía quadro funcional com servidores previamente capacitados em métodos consensuais de solução de conflitos (BRASIL, 2019-C, p. 6). No CEJUSC/Recife, havia 10 servidores atuando com dedicação exclusiva, sendo todos capacitados em métodos consensuais de solução de conflitos, entretanto, não havia mediadores judiciais e apenas quatro eram Conciliadores, remunerados por função gratificada (BRASIL, 2019-C, p. 8).

Apesar da insuficiência dos dados publicados pelo TJPE para que se analise a aplicação do art. 334 do CPC, a recente inspeção feita pelo CNJ revelou dados importantes para a análise feita neste trabalho: constatou-se que o setor processual do CEJUSC/Recife realiza audiências agendadas em processos encaminhados por força do disposto no art. 334, *caput*, do CPC observando-se o prazo previsto em lei (BRASIL, 2019-C, p. 10).

Contudo, a inspeção não teve o escopo de realizar levantamento de dados específicos do setor processual do CEJSUC/Recife, razão pela qual tais informações seguem sem explanação por fonte oficial.

5.2 Análise empírica das audiências de conciliação e mediação do art. 334 do CPC/15 em Recife/PE

5.2.1 Delimitando o objeto de pesquisa e o método de investigação

Buscando iluminar o debate aqui travado e diante da insuficiente quantidade de informações específicas acerca da temática, foram levantados dados visando a entender como o instituto das audiências preliminares vem sendo efetivado em Recife/PE: neste capítulo, a pesquisa quantitativa, de natureza descritiva,[53] voltar-se-á

---

[53] A pesquisa quantitativa descritiva consiste "em investigações de pesquisa empírica cuja principal finalidade é o delineamento ou análise das características de fatos ou fenômenos,

para os resultados das audiências; no próximo, a pesquisa de natureza mista (qualitativa e quantitativa), pelos métodos exploratório-descritivo,[54] aportará subsídios para entender como vem sendo aplicada a norma do art. 334 do CPC pelos juízos de vara cível da comarca em estudo.

Escolheu-se o período de dois anos de ajuizamento das demandas, entre 18 de março de 2017 e 18 de março de 2019. A data inicial justifica-se por se dar exatamente um ano após a entrada em vigor do CPC/15, pelo que se entende ser razoável período para a organização do foro para adaptação às novidades do código vigente, notadamente, à realização das audiências preliminares.

Adotaram-se, ademais, as ações que correm pela classe judicial denominada *Procedimento Comum Cível* no programa do Processo Judicial Eletrônico (PJe/TJPE – 1º grau). Isso porque é possível que alguns magistrados divirjam sobre a aplicabilidade do instituto do art. 334 do CPC a alguns procedimentos especiais. Desta feita, considerando que o objeto da pesquisa são apenas ações que, conforme a indicação do sistema, tramitam sob o procedimento comum (o que é chamado no âmbito do PJe de *Procedimento Comum Cível*), obtém-se um resultado mais fiel ao que se pretende investigar.[55]

Feitas essas considerações, temos que o Universo (N), que corresponde a todas as demandas de "Procedimento Comum Cível" ajuizadas nas 68 varas cíveis de Recife/PE entre 18.3.2017 e 18.03.2019,

---

a avaliação de programas, ou o isolamento de variáveis principais ou chave". Uma categoria da pesquisa quantitativa descritiva é o que se chama de "estudos de verificação de hipótese" – aqueles estudos quantitativo-descritivos que contêm, em seu projeto de pesquisa, hipóteses explícitas que devem ser verificadas. Essas hipóteses são derivadas da teoria e, por esse motivo, podem consistir em declarações de associações entre duas ou mais variáveis, sem referência a uma relação causal entre elas (MARCONI; LAKATOS, 2003, p. 187).

54 Por sua vez, o método exploratório-descritivo, ora utilizado na pesquisa de natureza quali-quanti, pode ser entendido como "estudos exploratórios que têm por objetivo descrever completamente determinado fenômeno, como, por exemplo, o estudo de um caso para o qual são realizadas análises empíricas e teóricas. Podem ser encontradas tanto descrições quantitativas e/ou qualitativas quanto acumulação de informações detalhadas como as obtidas por intermédio da observação participante. Dá-se precedência ao caráter representativo sistemático e, em consequência, os procedimentos de amostragem são flexíveis" (MARCONI; LAKATOS, 2003, p. 188).

55 Através do sistema PJE, verificou-se quantas ações da classe judicial 'Procedimento comum cível' cada uma das 34 varas cíveis (divididas em Seção A, que funciona apenas pela manhã, e Seção B, que funciona apenas à tarde) receberam no período selecionado.

analisadas nesta pesquisa, de 31.680 (trinta e um mil, seiscentos e oitenta) processos, como se pode verificar no Apêndice 1.[56]

Para obter uma representação de 95% do universo pesquisado, com o intervalo de confiança (correspondente à margem de erro) em 5%, conforme cálculo inferencial, utilizou-se a seguinte fórmula matemática, adotada como padrão internacional em estudos empíricos pelas ciências humanas, sociais e sociais aplicadas:

FIGURA 1 – Calculadora de tamanho de amostra
Demonstra a operação matemática necessária
ao cálculo de extração da amostra.

$$\text{Tamanho da amostra} = \frac{\dfrac{z^2 \times p\,(1-p)}{e^2}}{1 + \left(\dfrac{z^2 \times p\,(1-p)}{e^2 N}\right)}$$

N = tamanho da população • e = margem de erro (porcentagem no formato decimal)

• z = escore z

O escore z é o número de desvios padrão entre determinada proporção e a média.

Fonte: *Survey Monkey* – Calculadora de tamanho de amostra. Disponível em: https://pt.surveymonkey.com/mp/sample-size-calculator/. Acesso em: 27 dez. 2019.

Com isso, chegou-se a uma amostra de 380 (trezentos e oitenta) processos. Dividindo-se esse número de processos por vara, ter-se-ia 5,59 (resultado de 380:68). Por isso, tal valor foi distribuído aleatória e proporcionalmente para o quantitativo de seis processos em 40 varas e cinco processos em 28 varas. Realizado eletronicamente o sorteio, geraram-se 28 números entre 68 (número total de varas).[57]

---

[56] Não estão incluídas em tal universo as ações que correm em segredo de Justiça, pois não ficam visíveis à consulta do advogado no sistema PJe. Contudo, é de conhecimento geral que, na seara cível, as ações que tramitam sob sigilo constituem um quantitativo minoritário, não prejudicando o conjunto de ações ora pesquisado.

[57] Conforme demonstrado no Apêndice 1, as varas em que serão analisados cinco processos na Seção A são as de número: 5, 6, 7, 9, 12, 14, 16, 19, 26, 28, 29 (11 ao todo); ao passo que na

Por outro lado, os processos a serem analisados também foram escolhidos por sistema de sorteio eletrônico (se se tratava de vara com 450 processos no período pesquisado, na qual se analisaram cinco processos, sorteamos cinco casos dentre os 450 existentes).

Como vai ser visto no capítulo seguinte (no tópico "um caso relevante: os processos que versam sobre seguro DPVAT"), após o levantamento dos 380 processos, fez-se, posteriormente, novos testes substituindo todos os processos que versavam sobre seguro DPVAT por processos que versam sobre quaisquer outros objetos (tendo como rito o procedimento comum), para, quando necessário, apresentar resultados dos levantamentos com e sem a presença desses processos. Como será justificado no tópico destinado a esse tema, o isolamento desses dados se deu por termos identificado um comportamento judicial padrão, repetido em quase 90% dos casos de seguro DPVAT, além de que essa matéria corresponde a um relevante percentual da amostra (cerca de 21%). Como esse padrão encontrado pode enviesar os resultados encontrados, decidiu-se por fazer um novo levantamento para eventuais confrontamentos (com *versus* sem os processos DPVAT), o que demandou a análise de 81 novos processos, sorteados aleatoriamente, para substituir os processos DPVAT na amostra.[58]

Portanto, pesquisou-se 461 processos, sendo 380 na primeira amostra e outros 81 novos para substituir os DPVAT e constituir a segunda amostra. No Apêndice 2 (ao final), segue a listagem de todos os processos que serviram de objeto para esta pesquisa.

Toda a delimitação feita aqui serve também para o próximo capítulo, porque se trata dos mesmos processos. Apenas para fins didáticos, dividiu-se a análise em dois capítulos, sendo este para avaliar a eficiência da norma pelos resultadas das audiências e o próximo para averiguar os motivos pelos quais se está afastando a regra do art. 334 do CPC em tantos casos.

Seção B são: 3, 7, 8, 10, 15, 16, 17, 19, 20, 21, 25, 26, 27, 28, 29, 30, 32 (17 ao todo), equivalentes aos números sorteados após o 34º (37, 41, 42, 44, 49, 50, 51, 53, 54, 55, 59, 60, 61, 62, 63, 64, 66). Por exclusão, as varas nas quais serão verificados seis processos são, na Seção A: 1, 2, 3, 4, 8, 10, 11, 13, 15, 17, 18, 20, 21, 22, 23, 24, 25, 27, 30, 31, 32, 33, 34 (23 ao todo); e na Seção B: 1, 2, 4, 5, 6, 9, 11, 12, 13, 14, 18, 22, 23, 24, 31, 33, 34 (17 ao todo).

[58] Nessa segunda amostra, para se substituir um processo DPVAT de uma determinada vara, foi sorteado um novo processo de qualquer outra matéria, em tramitação nessa mesma vara.

5.2.2 Análise dos dados obtidos

5.2.2.1 Audiências designadas e realizadas

O primeiro dado a ser observado é o das audiências que foram efetivamente realizadas. Dos 380 processos analisados, a audiência do art. 334 do CPC foi designada em 258 deles, o que corresponde a um índice de aproximadamente 68% de observação da norma em questão pelos magistrados das varas cíveis de Recife.

Das 258 audiências marcadas, 64 (cerca de 25%) não aconteceram, por diversos motivos. Vejamos o gráfico 1:

GRÁFICO 1 – Razões para a frustração da realização das audiências
Apresenta os motivos e sua recorrência para a não realização
das audiências designadas nos casos investigados.

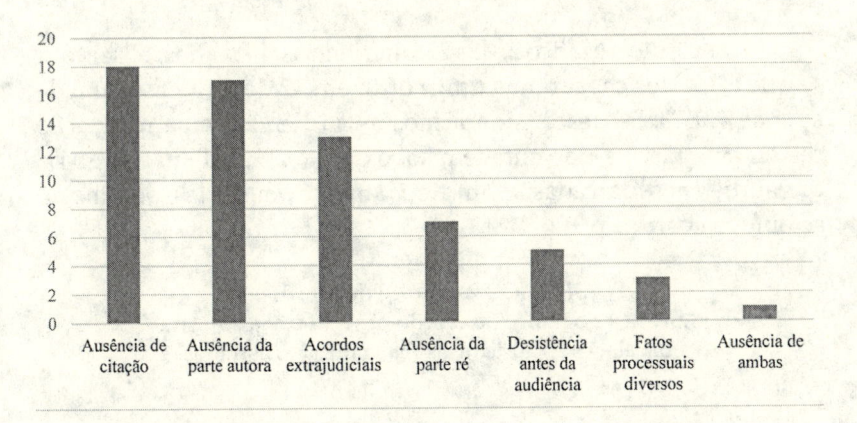

Fonte: elaboração do autor.

Percebemos que a razão mais recorrente para frustrar a realização de uma audiência é a ausência de citação até a data do referido ato (ocorrida em 18 processos). Em segundo lugar, vem a categoria "ausência da parte autora" (em 17 processos), que pode indicar descrédito na possibilidade de se chegar a um acordo com aquele réu ou mesmo uma resistência à solução consensual. Verificamos, ainda, que em 13 processos as partes, por iniciativa exclusiva de ambas, firmaram acordo antes mesmo da realização da audiência (chamamos de "acordos extrajudiciais", pois foram formulados de modo privado entre elas, sem participação de agente do Judiciário, apenas levado posteriormente ao juiz para homologação). Tal fato pode estar relacionado à existência de uma ordem de comparecimento à audiência de conciliação, que faz com que, por motivos de economia de tempo e dinheiro, alguns réus busquem realizar o acordo antes de terem que participar do ato. Também se verificou que, em sete processos, os réus, ainda que citados, ausentaram-se da audiência. Em outros cinco, houve pedido de desistência antes da realização da audiência. Em três, a audiência não aconteceu por fatos processuais diversos, como falecimento da parte, suspensão do expediente (para inspeção ou por designação acidental da audiência em um feriado). E, por fim, em apenas um processo, ambas as partes resistiram em comparecer à audiência.

5.2.2.2 Índice de acordo obtido nas audiências

Conforme o gráfico 2, das 258 audiências marcadas, observou-se que as partes chegaram a um acordo em 12 delas, percentual de apenas 4,65%. Se desconsiderarmos as audiências cuja realização restou frustrada, a porcentagem sobe para 6,2%. Ademais, 70,54% das audiências marcadas foram efetivamente realizadas, porém não se obteve acordo.

GRÁFICO 2 – Índice de acordo
Apresenta o índice de acordo observado na amostra
em relação às audiências realizadas e frustradas.

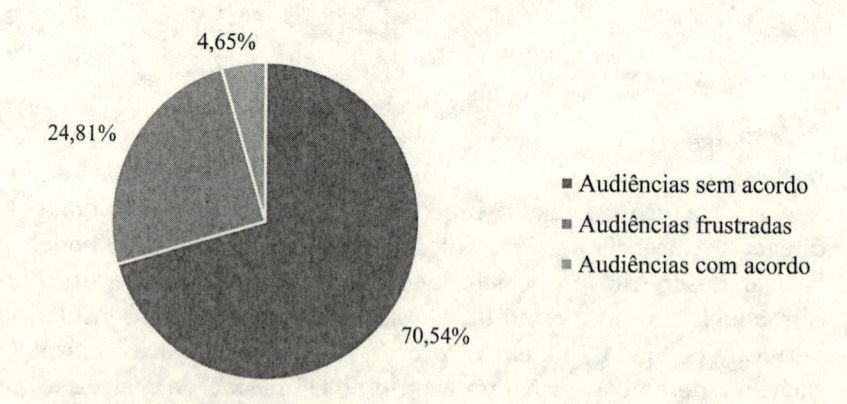

Fonte: elaboração do autor.

Vale ainda destacar que, dentre os 12 acordos obtidos, dois foram parciais (excluíram apenas um ou alguns litisconsortes, não extinguindo, portanto, o processo após a audiência)[59] e um não foi homologado pelo juízo da causa, que entendeu ser abusivo/oneroso à parte autora, que não estava acompanhada de defensor no ato e, nos termos acordados, acabaria por renunciar aos benefícios de uma tutela provisória concedida anteriormente.[60] Portanto, em apenas 9 deles houve integral e efetiva resolução da controvérsia, sendo o processo extinto com resolução de mérito pela homologação do acordo celebrado.

Nesse ínterim, vale destacar que a parte da doutrina que entende acertada a opção do legislador do CPC/15 em excepcionar a realização da audiência apenas com o requerimento expresso de *ambas* as partes utiliza o seguinte fundamento:

> Supor que o mero desinteresse sinalizado pelo autor inviabilizaria, automaticamente, a construção do consenso é ignorar completamente a realidade prática. Com efeito, muitas vezes o autor comparece à audiência externando desconforto e impaciência, com um discurso colonizado, mas, após a intervenção do mediador e de eventuais esclarecimentos do réu, os ânimos se arrefecem e as partes conseguem evoluir construindo uma solução de benefício mútuo ou, ao menos, transacionando sobre parte do conflito (art. 30, §1º, da Lei de Mediação) (MAZZOLA, 2018, p. 138).

Contudo, confrontando dados dos gráficos 1 e 2, percebe-se um número ligeiramente maior de acordos celebrados por iniciativa exclusiva das partes antes mesmo de a audiência acontecer (13)[61] do que nas audiências realizadas (12), onde atua o terceiro facilitador. Tais números mostram que, nas condições em que se realiza a audiência prevista no art. 334 do CPC, a atuação dos facilitadores é pouco decisiva – informação relevante tanto para estimular outras pesquisas que visem analisar como vem se desenvolvendo a atuação desses agentes quanto para repensarmos a política legislativa acerca dos métodos consensuais de composição de conflitos.

---

[59] Processos nº 0027569-46.2017.8.17.2001 – 33ª vara cível – seção B e nº 0037729-33.2017.8.17.2001 – 33ª vara cível – seção A.

[60] Processo nº 0039035-37.2017.8.17.2001 – 15ª vara cível – seção A.

[61] Esse valor ainda aumenta se considerarmos qualquer acordo extrajudicial formulado nos autos de uma ação. Contudo, o valor ora colocado diz respeito apenas a acordos formulados no início do processo, antes mesmo da data da audiência de conciliação/mediação.

Como se pode perceber, os dados contrastam com o otimismo que permeava as expectativas sobre a disposição de uma audiência inicial de conciliação/mediação obrigatória nos feitos cíveis, a exemplo do que consta no relatório "Justiça em Números 2016" (ano-base 2015) do CNJ, no trecho que analisa os índices de conciliação:

> A tendência é que estes percentuais aumentem, tendo em vista a entrada em vigor em março de 2016 do novo Código de Processo Civil (Lei n 13.105, de 16 de março de 2015), que prevê a realização de uma audiência prévia de conciliação e mediação como etapa obrigatória, anterior à formação da lide, como regra geral para todos os processos cíveis (BRASIL, 2016-A, p. 99).

Contudo, tal como advertiu Barbosa Moreira há quase 20 anos, quando da reforma do CPC/73 foi criada a audiência do art. 331 (que, à época, não previu o §3º, o qual relativizaria a regra da obrigatoriedade de designação do ato),

> A tentativa obrigatória de conciliação, tal como regulada no art. 331, é uma faca de dois gumes: quando se obtém o acordo das partes, encurta-se notavelmente o itinerário do Feito; quando não, ele ao contrário se estica mais do que se omitisse a audiência a isso destinada, sem que os ganhos laterais superem o inconveniente da procrastinação. Pois bem: qual o percentual de tentativas frutíferas? Superará ele notavelmente o das infrutíferas? E mais: em que matérias tem sido mais fácil promover o acordo? Quais os principais óbices à respectiva consumação? (MOREIRA, 2000, p. 162).

Também não são novidades os alertas de parte da doutrina para os perigos de apostar que uma simples "canetada" que tornasse obrigatória a realização de audiências de conciliação e mediação antes da contestação seria suficiente para proporcionar tratamento adequado às demandas judiciárias – diga-se: nem a longo prazo. Não se nega a importância das reformas legislativas quando necessárias, mas, em muitos casos, ignora-se algo mais importante: a postura cultural dos operadores do direito (GOMES NETO, 2003, p. 74).

> Transformar o processo liberal individualista em um processo de resultados satisfatórios à sociedade adequado aos movimentos de acesso à justiça, sem, contudo, promover alterações na mentalidade dos profissionais de direito, fruto de sua formação embebida no regime

anterior, implica muito provavelmente no aparecimento de resistências e em pequenos fracassos imediatos.

A conscientização, neste caso, é primordial, sob pena das reformas transcorrerem numa vertical descendente, onde seus conteúdos não serão realizados, bem como não atingidos os fins políticos e sociais que as impulsionaram (GOMES NETO, 2003, p. 74).

Os números ora expostos servem como contraponto à doutrina que entende que a previsão de audiências obrigatórias de conciliação/mediação, sem qualquer incentivo concreto para as partes transacionarem, tem o condão de gerar nos operadores do direito uma mudança cultural.

5.2.2.3 Litigantes que mais transacionaram na audiência e fora dela

O gráfico 3 a seguir mostra outra informação interessante. Em que pese a maioria dos réus em processos que tramitam em varas cíveis serem litigantes habituais (considerados assim os réus em mais de 500 processos no período pesquisado), a maior parte dos acordos firmados em audiência do art. 334 do CPC ocorreram quando o réu era um litigante raro (o que responde a menos de dez processos no período pesquisado).

GRÁFICO 3 – Proporção de réus que transacionaram em audiência
Demonstra que os réus raros fecham mais acordos que os habituais, mesmo tendo se reunido em audiência menos vezes.

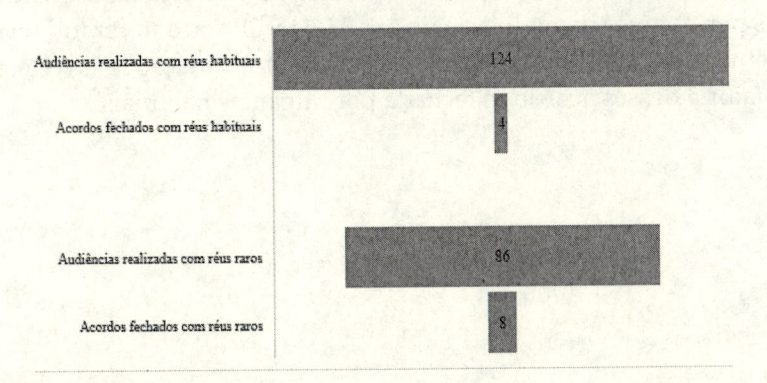

Fonte: elaboração do autor.

O gráfico revela que os litigantes habituais raramente conciliam nas audiências do art. 334 do CPC. Dos quatro acordos, três eram com Planos de Saúde, e o outro era com uma grande empresa do setor energético de Pernambuco. Para a quantidade de processos que essas empresas possuem, este número de acordos em audiência é irrisório, a ponto de ser mais um argumento para questionar a norma do art. 334 do CPC, na medida em que estaria reduzindo a celeridade da marcha de quase todos esses processos para que realizar uma audiência com resultados próximos a zero.

Aliás, desde quando se discutiu a utilidade de uma audiência exclusivamente de conciliação nos Juizados Especiais (que, como já demonstrado, tende a ter menos acordos que a audiência *una*), em situação bastante semelhante à extinção do art. 331 do CPC/73 e previsão do 334 do CPC/15, já se criticava tal instituto:

> Nossa experiência prática demonstra ainda que vários advogados questionam sua utilidade prática, especialmente quando se encontram no polo passivo pessoas jurídicas, demandados habituais que muitas vezes têm a clara orientação para que seus advogados não firmem acordos. Criticam também a falta de preparo dos conciliadores para a missão e o atraso que a realização de duas audiências pode causar ao julgamento da causa, fato que tem feito com que alguns Juizados em alguns Estados realizem as duas audiências sucessivamente no mesmo dia (GOUVEIA, 2014, p. 35).

Por outro lado, se analisarmos os acordos realizados entre as partes antes da audiência do art. 334 do CPC acontecer (ou seja, sem a atuação do conciliador ou mediador), a situação se inverte: a maioria desses acordos é fechada por litigantes habituais.

GRÁFICO 4 – Proporção de réus que fecharam acordos antes e fora da audiência
Demonstra que a maioria dos acordos realizados antes da data
designada para a audiência foi fechada com réus habituais.

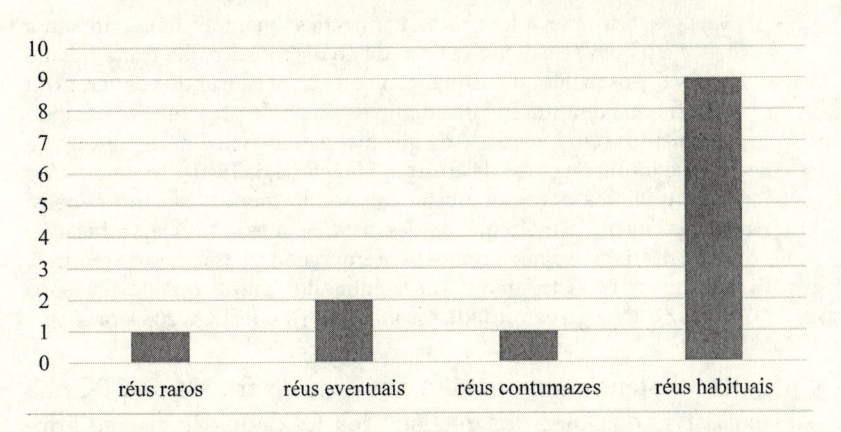

Fonte: elaboração do autor.

Dos 13 acordos "extrajudiciais" relatados, nove foram propostos por réus habituais (mais de 500 processos no período pesquisado), ora seguradoras de saúde, ora instituições financeiras. Os réus eventuais (de 11 a 99 processos no mesmo período) fecharam dois acordos, enquanto os réus raros (até 10 processos) e os contumazes (de 100 a 500 processos) fecharam um acordo cada.

Isso reforça que, no caso dos réus habituais, presentes na maior parte dos processos, há uma estratégia prévia relacionada a conciliar ou não, pouco influenciando o trabalho realizado pelo conciliador ou mediador na audiência do art. 334 do CPC. Em outras palavras, identificando grande chance de sucumbir, esses litigantes tendem a procurar a outra parte para conciliar antes mesmo de ser realizada a audiência. Caso isso não aconteça, dificilmente fecharão um acordo durante a audiência do art. 334, que acaba constituindo, nesses casos, não somente mera formalidade legal, mas também ato processual estratégico para ganho de tempo na elaboração da defesa.

Ao fim e ao cabo, os dados levam a crer que caímos em um problema que também foi delatado há bastante tempo: o de reformar a lei para resolver problemas sem investigar anteriormente sua gênese e qual o melhor modo de exterminá-los. É dizer: modificar a lei com base em "achismos".

> Antes de reformar a lei processual (*rectius*: qualquer lei), mandam a lógica e o bom senso que se proceda ao diagnóstico, tão exato quanto possível, dos males que se quer combater e das causas que os geram ou alimentam. Nenhum médico digno desse nome prescreve remédios e tratamentos sem inteirar-se de que mal padece o doente, e por quê. Se o nosso intuito, *v.g.*, é o de acelerar a máquina da Justiça, necessitamos saber quais as peças que estão rendendo menos, e como penetra no mecanismo a areia que as desgasta. Sem essa prévia verificação, nenhum critério sólido teremos para empreender o trabalho da reforma. Corremos o risco de sair a atacar moinhos de vento, enquanto deixamos em paz e sossego os verdadeiros inimigos (MOREIRA, 2000, p. 161).

As resistências em seguir o comando do art. 334 do CPC não são exclusivas da classe dos magistrados. Os dados do gráfico 1 demonstram que as partes vêm deixando de comparecer às audiências marcadas, mesmo havendo expressa previsão de aplicação de multa por ato atentatório à dignidade da Justiça.

A partir do próximo capítulo, adentraremos em questões relativas a essa resistência em aplicar a norma do art. 334 do CPC. Especialmente, analisaremos a resistência por parte dos magistrados de primeiro grau da comarca do Recife (TJPE) para responder ao problema de pesquisa proposto: quais fatores influenciam os órgãos judiciais de Recife-PE a não realizar a audiência prevista no art. 334 do CPC?

CAPÍTULO 6

UM OLHAR EMPÍRICO (II): POR QUE HÁ JUÍZOS DE VARAS CÍVEIS RESISTENTES EM DESIGNAR A AUDIÊNCIA DO ART. 334 DO CPC? ANÁLISE QUALITATIVA E QUANTITATIVA DO PROBLEMA COLOCADO

6.1 Delimitando o objeto de pesquisa

O objeto deste estudo é o conjunto de decisões exaradas pelos juízos das varas cíveis da comarca do Recife (Tribunal de Justiça do Estado de Pernambuco – TJPE) nos mesmos 380 processos que formaram a amostra analisada no último capítulo. Como é cediço, com a análise da admissibilidade da petição inicial, não havendo vício que imponha a intimação da parte autora para correção, conforme reza o art. 321 do CPC, nem se tratando de hipótese de dispensa (art. 334, §4º, do CPC), o juízo tem o dever de citar o réu para comparecer à audiência de conciliação e mediação, nos termos do art. 334 do código de ritos. Entretanto, verifica-se que, em muitos casos, este dever vem sendo flexibilizado.

Em abril de 2019, durante a inspeção do CNJ no NUPEMEC e CEJUSC de Recife/PE, a Conselheira do CNJ, Daldice Santana, destacou a importância da "observância do caráter cogente do art. 334 do CPC, segundo o qual, se a petição inicial preencher os requisitos essenciais (artigos 319 e 320 do CPC), o juiz deverá designar audiência de conciliação ou de mediação, salvo nas hipóteses expressamente indicadas" (BRASIL, 2019-C, p. 13), e ao final, dentre as recomendações feitas, inseriu a seguinte: "monitoramento do cumprimento do art. 334 do CPC por todas as unidades judiciárias, por se tratar de norma cogente para os atores da relação processual" (BRASIL, 2019-C, p. 22).

Para analisar o comportamento judicial que se propõe, escolheu-se, por óbvio, apenas processos nos quais já houve admissibilidade da petição inicial (ainda que tacitamente), sendo analisado o momento em que o julgador despachou (ou decidiu) no sentido de realizar ou não a audiência.

Na primeira parte deste capítulo, realizamos uma análise do conteúdo das decisões que dispensaram a audiência com argumentação não albergada no CPC, com o levantamento de quais justificativas compõem essas decisões e quais as mais utilizadas.

Em seguida, fizemos uma análise estatística por regressão logística (ou, simplesmente, *logit*), estudo de natureza quantitativa, para testar se alguns fatores processuais estariam associados à não designação das audiências. Trata-se de "adequada ferramenta de pesquisa para problemas que envolvam a relação entre variáveis categóricas – predominantes nos estudos sobre o Direito e sobre as instituições judiciais – e a provável influência destas em processos decisórios (nada mais que escolhas entre alternativas)" (GOMES NETO; BARBOSA; VIEIRA, 2018, p. 215). É o modelo de pesquisa que "calcula as chances de o fenômeno pesquisado ocorrer e se essa ocorrência estaria, ou não, associada à presença das variáveis que se pretende testar na pesquisa" (GOMES NETO; BARBOSA; VIEIRA, 2018, p. 217).

O fenômeno cuja ocorrência será observada é a não designação das audiências em hipóteses não albergadas legalmente. As variáveis explicativas testadas foram: tipo de réu e valor da causa. Assim, testamos se a variação desses fatores processuais pode estar relacionada à dispensa *contra legem* da audiência.

Em relação ao tipo de réu, dividiu-se em quatro categorias, por número de processos registrados na classe "procedimento comum cível" de 18.3.2017 a 18.3.2019, autuados na cidade do Recife: a) litigante raro (até dez processos); b) litigante eventual (de 11 a 99 processos); c) litigante contumaz (de 100 a 500 processos); d) litigante habitual (mais de 500 processos). Acerca do valor da causa, dividiu-se em: a) baixo – até R$10.000,00; b) médio – de R$10.000,01 a R$50.000,00; c) alto – de R$50.000,01 a R$100.000,00; d) altíssimo – acima de R$100.000,00.

Assim, a documentação dos dados e preenchimento da matriz se deram considerando que todos os dados são binários, isto é, preenchidos com um ou zero, no qual um significa a presença de um fator e zero, sua ausência. A chamada "variável resposta" (Y) foi a designação ou não da audiência (preencheu-se o Y com um quando houve designação da audiência ou quando se dispensou dentro das hipóteses legais, e com zero quando a dispensa foi por razões não previstas no CPC/15). Nas variáveis explicativas (X), marcou-se um na presença de uma e zero na ausência das demais.

Por exemplo, na categoria do valor da causa, em um processo cujo valor da causa era R$5.000,00 (cinco mil reais), marcou-se um em x1 (até R$10.000,00), e zero em x2 (de R$10.000,01 a R$50.000,00), x3 (de R$50.000,01 a R$100.000,00) e x4 (acima de R$100.000,00). Da mesma forma, na categoria do tipo de réu, se este foi um litigante habitual, marcou-se um em x4 e zero em x1, x2 e x3.

Com isso, pôde-se identificar se cada uma das variáveis explicativas exercia influência sobre a decisão de designar ou não as audiências.

6.2 Um caso relevante: os processos que versam sobre seguro DPVAT

Ao longo da pesquisa, chamou a atenção um comportamento judicial reiterado diante de processos que versam sobre uma matéria específica: seguro DPVAT, regulamentado pela Lei nº 6.194/74. Trata-se de processos nos quais se pede indenização em virtude de Seguro Obrigatório de Danos Pessoais causados por veículos automotores de via terrestre, ou por sua carga, a pessoas transportadas ou não.

As principais nuances desses processos que importam para esta parte do trabalho são que os valores indenizatórios são tabelados na lei, sendo o maior (em caso de morte ou invalidez permanente) de R$13.500,00 (treze mil e quinhentos reais). Ademais, é imprescindível – para praticamente todos os casos – a perícia médica para que se aufira a extensão do dano e o seu enquadramento na categoria adequada da tabela.[62]

Com isso, criou-se uma praxe por parte das seguradoras de apenas fornecer proposta de acordo após a perícia. Nessa perspectiva, o exame médico pelo *expert* do juízo, não apenas dá subsídios ao juiz em relação à necessidade/quantificação da indenização, mas também às seguradoras sobre a viabilidade de um acordo e o valor da proposta a ser ofertada, já que, após a perícia, sendo caso de condenação, será possível saber que valor tende a ser arbitrado pelo magistrado.

Diante dessas particularidades que envolvem os processos que versam sobre Seguro DPVAT, observou-se uma acentuada resistência dos órgãos judiciais pesquisados em designar as audiências do art. 334 do CPC. Via de regra, o argumento usado foi de que nada adiantaria designar uma audiência de conciliação se o réu possui política explícita de não conciliar antes da perícia. Com isso, boa parte dos magistrados utilizou do instituto da *produção antecipada de prova*, previsto nos artigos. 381 e 382 do CPC/15, para determinar a perícia, mediante um ajuste procedimental para antecipar a contestação, relativizando o comando do art. 334 do CPC, enquanto outros marcaram uma audiência para realização de perícia e, imediatamente após o resultado, tentativa de conciliação. Algumas dessas decisões serão discutidas em tópico específico mais à frente.

Dos 380 processos analisados, 81 versavam sobre a matéria, o que corresponde a 21,3% do todo. Conforme o gráfico 5, não foi

---

[62] O fundamento legal encontra-se no artigo 5º, §5º, que reza que "O Instituto Médico Legal da jurisdição do acidente ou da residência da vítima deverá fornecer, no prazo de até 90 (noventa) dias, laudo à vítima com a verificação da existência e quantificação das lesões permanentes, totais ou parciais". (Redação dada pela Lei nº 11.945, de 2009).

designada audiência em cerca de 72 processos, ao passo que foi marcada a audiência após a perícia antecipada em apenas 9 (processos):

GRÁFICO 5 – Índice de designação de audiência de
conciliação inicial em processos DPVAT
Demonstra o índice de designação da audiência
do art. 334, CPC, em processos de DPVAT.

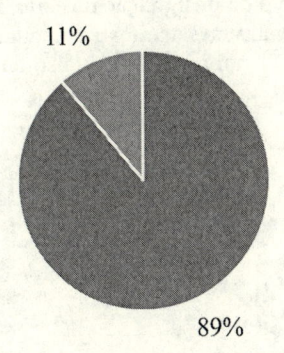

11%

89%

■ Processos DPVAT - sem audiência ■ Processos DPVAT - com audiência

Fonte: elaboração do autor.

Porém, é importante consignar que as partes não chegaram a um acordo em nenhum dos nove processos em que se designou a audiência.

Considerando que o comportamento reiterado nesses processos pode enviesar os resultados perquiridos, realizou-se um segundo levantamento, no qual se substituiu todos os processos que versam sobre Seguro DPVAT por outros de qualquer matéria para confrontar resultados com ou sem a presença desses elementos.

Substituídos os processos cuja matéria é Seguro DPVAT por outros processos cíveis, a quantidade de audiências marcadas subiu de 258 para 314. Além disso, constatou-se um processo[63] no qual a audiência foi dispensada dentro de hipótese legal, enquanto, na amostra sem os processos de seguro DPVAT, há três processos[64] com

---

[63] Processo nº 0036511-33.2018.8.17.2001, em trâmite na 23ª vara cível (Recife/Seção B).

[64] Processos nº 0042995-98.2017.8.17.2001, em trâmite na 6ª vara cível (Recife/Seção B), 0044891-79.2017.8.17.2001, em trâmite na 7ª vara cível (Recife/Seção A), e 0036511-33.2018.8.17.2001, em trâmite na 23ª vara cível (Recife/Seção B).

dispensas conforme reza o CPC – todos eles, com fulcro no art. 334, §4º, I (requerimento expresso de dispensa por ambas as partes). Assim, esses dados contribuem para demonstrar os casos em que os juízes aplicaram o art. 334 do CPC. Vejamos o comparativo no gráfico 6:

GRÁFICO 6 – Índice de aplicação do art. 334, CPC. Amostra inicial (com os processos DPVAT) x sem os processos DPVAT
Realiza comparativo da designação das audiências do art. 334, CPC, na amostra inicial *versus* a amostra na qual foram substituídos os processos DPVAT por outros de quaisquer outras matérias.

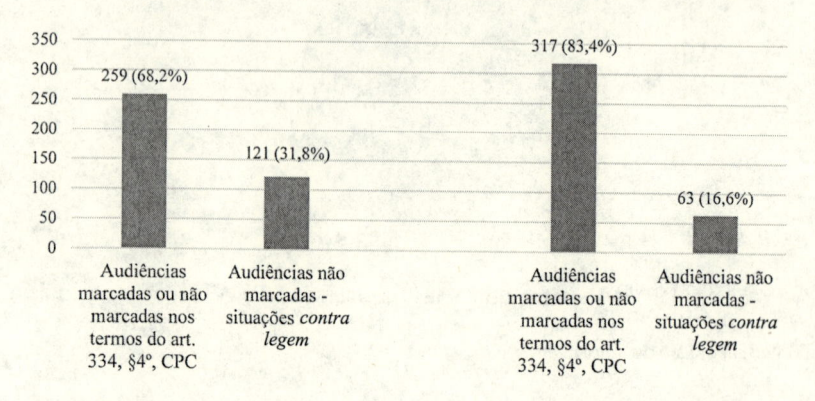

Fonte: elaboração do autor.

Da análise do gráfico 6, percebemos que o percentual de aplicação estrita da norma do art. 334 do CPC sobe em mais de 15% quando excluímos os processos DPVAT, ultrapassando o percentual de 83%.

Além disso, constatou-se um aumento no número de acordos obtidos em audiência e "extrajudicialmente" antes da audiência. O número de transações em audiência passou para 13 (com os mesmos dois parciais e um não homologados do levantamento anterior), o que corresponde a um índice de 4,14% de acordo (menor que o valor obtido no gráfico 2), enquanto os extrajudiciais passaram para 19. Reforçamos, aqui, nossas observações feitas no capítulo anterior, quando comentado acerca do maior número de acordos extrajudiciais em momento precedente à audiência em comparação com o número de acordos obtidos na audiência do art. 334 do CPC.

6.3 Análise quantitativa da proporcionalidade do conteúdo de algumas decisões que dispensam a audiência do art. 334 em situações não previstas no CPC

Dentro da amostra observada, pudemos perceber que, nas duas coletas feitas, o quantitativo de decisões que dispensam a audiência *contra legem* ainda é razoável, uma vez que estamos diante de uma norma cogente que dispõe um ato não discricionário aos juízos de varas cíveis. Perguntamos: por que não se vem aplicando adequadamente a norma? Trata-se, na maior parte dos casos, de hipóteses de superabilidade? Analisemos, portanto, quais os fundamentos mais presentes nessas decisões.

Na primeira amostra, há 258 marcações de audiência, restando, portanto, 122 processos nos quais não se designou a audiência. O gráfico 7 mostra os fundamentos mais utilizados:

GRÁFICO 7 – Principais fundamentos para dispensar a audiência do art. 334, CPC (amostra inicial), e sua frequência de utilização
Apresenta os principais fundamentos utilizados pelos magistrados das varas cíveis da comarca do Recife para dispensar a audiência na amostra inicial (incluindo processos de Seguro DPVAT).

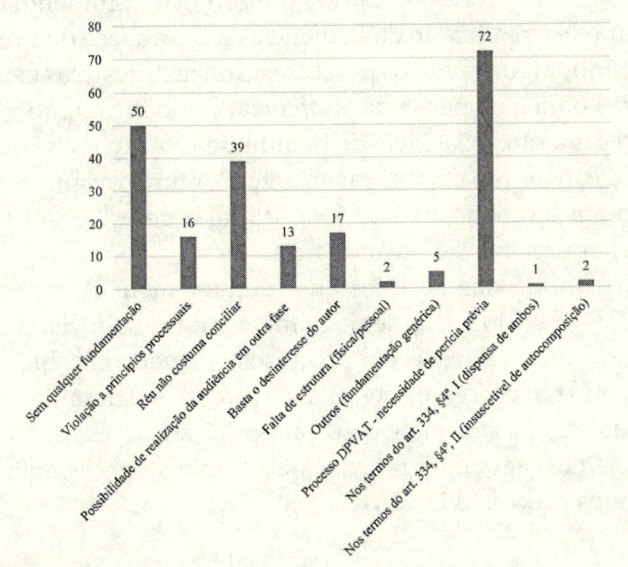

Fonte: elaboração do autor.

No gráfico acima, temos na linha horizontal os fundamentos utilizados nos pronunciamentos que dispensam a audiência do art. 334 do CPC, e na linha vertical a quantidade de vezes (ou seja, em quantos processos) que foram utilizados. Vale lembrar que uma mesma decisão pode utilizar mais de um desses fundamentos para não designar a audiência.

Em todos os processos que versam sobre seguro DPVAT nos quais foi dispensada a audiência, utilizou-se como fundamento a necessidade de perícia prévia para possibilitar a autocomposição. Esse foi o fundamento mais observado nesta amostra, porém não o único, como se verá no tópico a seguir.

A segunda categoria mais presente é justamente a ausência de fundamento, quando o magistrado citou o réu diretamente para responder à ação sem se manifestar sobre a norma do art. 334 do CPC. Em seguida, temos a não designação da audiência com base na experiência prática do magistrado, que fundamenta a decisão afirmando que o réu não costuma conciliar em audiência. Logo após, vem o fundamento de que basta o autor manifestar o desinteresse para que o ato não precise ser marcado. Depois, temos a dispensa com base em aplicação de princípios processuais diversos (economia, acesso à justiça, instrumentalidade das formas e razoável duração do processo). Em seguida, vem o argumento de que nada impede a realização da audiência em outra fase do processo. Ainda temos alguns poucos processos com justificativas genéricas utilizadas para a dispensa da audiência, como incompatibilidade do procedimento, existência de pedido de tutela provisória, existência de convenção de arbitragem, etc. Por fim, o argumento não previsto em lei menos usado foi o da falta de estrutura física e pessoal para realização da audiência.

No âmbito das decisões que fundamentam nos termos da lei (art. 334, §4º, do CPC), temos uma conforme o inciso I e duas conforme o inciso II, estas em processos que versam sobre seguro DPVAT, ou seja, processos nos quais o direito é, sem muito esforço hermenêutico, suscetível de autocomposição.

Vejamos, agora, o gráfico 8, que demonstra o levantamento feito sem os processos DPVAT:

GRÁFICO 8 – Principais fundamentos para dispensar a audiência do art. 334, CPC (sem os processos DPVAT), e sua frequência de utilização Apresenta os principais fundamentos utilizados pelos magistrados das varas cíveis da comarca do Recife para dispensar a audiência na amostra após a substituição dos processos de Seguro DPVAT por outros de matérias distintas.

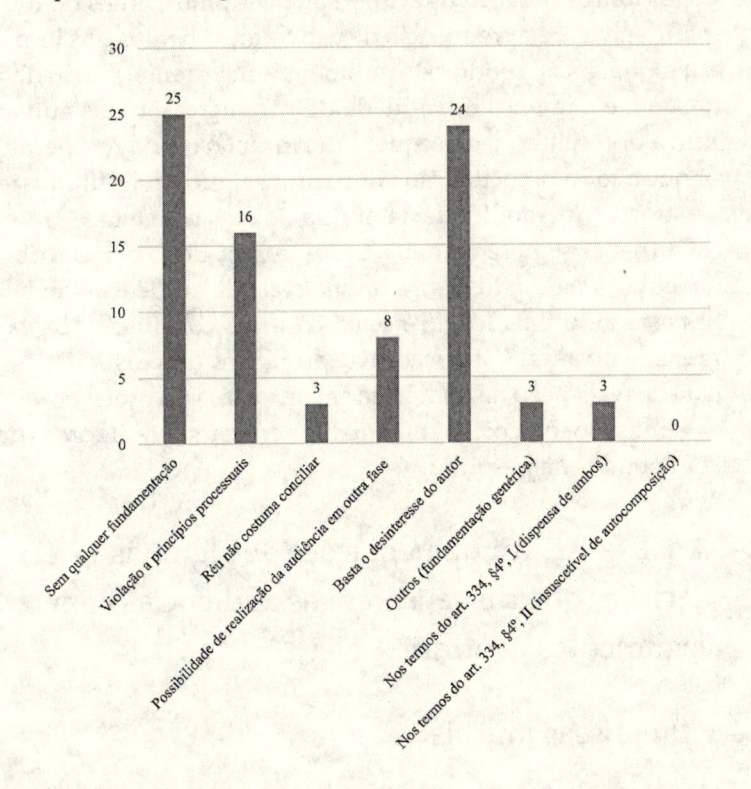

Fonte: elaboração do autor.

Com a exclusão dos processos DPVAT, a categoria mais repetida é a da inexistência de argumento (ou o mero "cite-se"), seguida de justificativa segundo a qual basta o desinteresse manifestado pelo autor. Depois, vem o argumento com base em princípios processuais e, em menor número, o de que nada impede que a audiência seja realizada em outra fase do processo. Em número próximo de zero, temos o argumento de que o réu não tem a praxe de conciliar na audiência e aqueles classificados como fundamentação genérica.

As dispensas nos termos da lei foram todas com fundamento no inciso I do art. 334, §4º, do CPC, isto é, houve, de fato, requerimento expresso por ambas as partes no sentido de dispensar a audiência inicial.

Dos dados descritivos acima, salta aos olhos, antes de tudo, a disparidade entre a frequência de uso de argumentos nos termos da lei e *contra legem*, sendo este muito mais recorrente. Outro dado interessante é a imensa quantidade de não marcação das audiências sem a apresentação de sequer uma razão, o que já nos permite cravar que não há preocupação por parte de alguns magistrados em demonstrar a superabilidade da norma no caso concreto.

Outros argumentos que, *a priori*, foram tidos como dribles hermenêuticos para a dispensa *contra legem* da audiência também foram bastante utilizados ("réu não costuma conciliar", "basta o desinteresse do autor", invocação de princípios processuais, possibilidade de realização da audiência em outra fase do processo, etc.).

Vamos, no tópico a seguir, analisar criticamente algumas das decisões obtidas na pesquisa.

6.4 Análise das fundamentações de algumas decisões que dispensaram as audiências com argumentos contrários à lei

6.4.1 Premissas iniciais

À luz do que foi discutido no capítulo 3, traremos à discussão alguns casos encontrados por ocasião da pesquisa empírica feita nos capítulos 4 e 5.

No item anterior, vimos as justificativas mais utilizadas pelos juízos cíveis da comarca do Recife/PE nas decisões que dispensam a audiência do art. 334 do CPC. Analisaremos os teores de algumas dessas decisões, fazendo menção ao número do processo que consta no Apêndice 2 (listagem de todos os processos que formam a amostra).

No capítulo 3, durante a análise da tese da argumentação *contra legem*, as seguintes premissas foram lançadas: a) toda norma é superável; b) na divisão entre regras e princípios, a superabilidade destes é imanente, enquanto daquelas é excepcional; c) em alguns casos, as normas possuem significações mínimas; d) a argumentação *contra legem* é aquela na qual seus enunciados não são fieis a esses significados mínimos (ou preliminares); e) os significados mínimos só podem ser desprezados caso se comprove a inconstitucionalidade do enunciado normativo em questão ou uma modificação da situação fática para a qual foram concebidos (situações imprevistas ou imprevisíveis quando da criação do enunciado normativo, o que, vale frisar, é bem problemático de se identificar na prática); f) o art. 334 do CPC contém alguns significados mínimos, como "designará" (*caput*) e "se ambas as partes manifestarem...". (§4º, I); g) há um ressaltado dever de justificação (fundamentação) da decisão que se utiliza de argumentos contrários ao texto expresso da lei, mesmo que este dever não esteja expressamente previsto no art. 489, §1º, do CPC, já que este dispositivo traz rol meramente exemplificativo.

Esse passo a passo deve ser observado porque o poder de superar o enunciado normativo do Poder Judiciário, embora não vedado, é excepcional e, se generalizado, trará malefícios ao ordenamento jurídico – a começar pela insegurança jurídica gerada pelo risco de as leis se esvaziarem, tornando-se meras orientações de caráter programático.

Veremos, então, exemplos de decisões *contra legem* e, igualmente, citaremos alguns modelos interessantes nos quais há uma preocupação, ainda que incipiente, em demonstrar a superabilidade da norma do art. 334 do CPC no caso concreto, sem a preocupação de nos posicionarmos se os argumentos são válidos à luz das premissas lançadas acima ou não.

6.4.2 Os processos de Seguro DPVAT

O primeiro conjunto de decisões é o mais frequente, conforme o gráfico 7: os que dispensam a audiência em processos que versam sobre Seguro DPVAT pela necessidade de uma perícia anterior à realização da audiência. É o que percebemos do exemplo do caso do processo de nº 0016409-53.2019.8.17.2001 (nº 217 da amostra), Id nº 42293043, no qual se citou a parte demandada para contestar a ação, ao argumento de que:

> Considerando que nos processos que envolvem cobrança de indenização securitária do seguro obrigatório DPVAT é praxe só se celebrar acordo após a realização de perícia para apurar a lesão e a extensão do dano provocado na vítima do acidente de trânsito, fica dispensada a designação da audiência de tentativa de conciliação prevista no art. 334 do Código de Processo Civil.

De modo semelhante, no processo nº 0029791-50.2018.8.17.2001 (nº 137 da amostra), Id nº 32833481, a audiência foi dispensada "Considerando que a celebração de acordo nas audiências de conciliação realizadas nesta Vara, sem a existência do laudo pericial no processo, tem-se revelado praticamente inexistente".

No processo nº 0016271-86.2019.8.17.2001 (nº 206 da amostra), Id nº 42293833, a dispensa da audiência se deu pelo argumento de que a política das seguradoras de não conciliar previamente esvazia a pretensão do legislador do CPC/15, *in verbis*:

> A atividade corriqueira em processos que exigem indenização securitária DPVAT mostram que, enquanto não há perícia, inexiste a possibilidade de acordo, o que esvazia a pretensão da legislação em reunir as partes para composição antes da contestação. Imperioso, portanto, reconhecer a desnecessidade de designação da audiência de conciliação ou de mediação prevista no artigo 334 do CPC.

Os argumentos lançados nas decisões acima parecem ter uma preocupação, ainda que tímida, em demonstrar a superação da norma no caso concreto. Contudo, é preciso discutir se há de fato uma superação da norma do art. 334 do CPC (ao ponto de esta ser inaplicável) ou se deve haver uma adequação desses processos à norma mais recente, tendo em vista que a matéria discutida está regulamentada por uma lei de 1974, cuja alteração mais recente data de 2009. Assim, seria possível que o CPC já entrasse em vigor superado para os casos DPVAT? Tal conclusão não parece razoável à luz das premissas lançadas.

Também foram observadas decisões nas quais, após fundamentar-se no sentido da ineficiência das audiências (por não retornarem bons resultados e gerarem altos custos à máquina pública), aplicou-se analogicamente o art. 334, §4º, II, do CPC (insuscetibilidade de autocomposição), não porque os direitos discutidos seriam indisponíveis, mas porque o tratamento dado à conciliação pelos atores processuais – sobretudo os réus – tornam a autocomposição no início do processo insuscetível de acontecer. Trata-se de uma estratégia argumentativa que considera que a norma não foi superada no caso concreto. É o exemplo do processo nº 0022870-75.2018.8.17.2001 (nº 264 da amostra), Id nº 35552555, *in verbis*:

> Embora seja possível a autocomposição, o que, de início, obriga a realização da referida audiência, a experiência e a prática judiciária têm demonstrado que nas ações de pedido de complementação de seguro DPVAT as partes não têm apresentado interesse na composição da lide, mesmo naqueles casos em há elaboração de perícia médica antecedente, além do que, tem-se observado um número significativo de audiência cuja realização resta prejudicada pelo não comparecimento dos demandantes, que em sua maioria são de outras comarcas.
>
> Nessa contextura, entendo pela dispensa da audiência de conciliação ou mediação, a qual tem se mostrado inócua, gerando um custo sem retorno satisfatório para ambas as partes e, em especial, para a máquina pública, aplicando analogicamente o disposto no inciso II, do parágrafo 4º, do art. 334 do CPC, sem prejuízo de que, havendo interesse das partes à audiência conciliatória poderá ser realizada a qualquer tempo no curso do processo.

Alguns juízes realizam uma adequação procedimental com o intuito de possibilitar a aplicação harmoniosa dos dois diplomas legais (CPC e Lei nº 6.198/74) – como, por exemplo, a criação de uma fase de perícia prévia nesses procedimentos e, em seguida, a realização da audiência de conciliação do art. 334 do CPC, como no Processo nº 0029098-03.2017.8.17.2001 (nº 187 da amostra), Id nº 22210615, no qual foi marcada a audiência do art. 334 do CPC em processo DPVAT, remetendo-o ao CEJUSC:

> Considerando que nas ações de cobrança de seguro obrigatório DPVAT, o juiz, para assegurar o êxito da audiência de conciliação de que trata o art. 334 do CPC, pode antecipar, com fundamento no art. 381, inciso II, do CPC, a perícia médica para comprovar o grau de invalidez da parte autora, determino, de logo, a realização de perícia traumatológica por ocasião da referida audiência, a fim de ser apurada a extensão das lesões indicadas na exordial.

Por questões de eficiência processual, alguns dos juízos que designaram a audiência em processos DPVAT fizeram a seguinte adequação procedimental: marcaram uma audiência de conciliação/mediação e perícia, a ser realizada na própria vara, reunindo esses dois atos em um só, a exemplo do Processo nº 0047479-59.2017.8.17.2001, (nº 157 da amostra), Id nº 23984096:

> Em feitos como esse, não se justifica a realização da audiência de conciliação prevista no art. 334 do NCPC, tendo em vista que as seguradoras demandadas não celebram acordo, caso não haja perícia realizada no Autor por designação do juízo competente.
>
> Por conseguinte, em homenagem aos Princípios da Celeridade e Economia Processual, resolvo designar audiência para realização de perícia para o dia 21.11.2017, às 11:10h, oportunidade em que as rés serão citadas para comparecer, contando-se daí o prazo de 15 dias para querendo ofertarem defesa aos termos da demanda, nos termos do inciso I, do art. 335 do NCPC, sob pena de revelia.

No caso acima, vale destacar, o resultado da perícia foi parcialmente favorável ao segurado e, mesmo assim, a seguradora optou por não propor acordo, situação que se repetiu em casos semelhantes.

O ajuste no procedimento feito nessas situações é problemático porque não há, no CPC, espécie de produção antecipada de prova por determinação judicial (*ex officio*). Daí, pode-se dizer que a adequação feita para atender ao comando do art. 334 do CPC violaria as normas previstas nos arts. 381 e 382 do mesmo código, a menos que a parte autora tenha requerido expressamente a prova na modalidade antecipada. Por outro lado, pode-se interpretar tais decisões à luz do art. 370 do CPC, segundo o qual "caberá ao juiz, de ofício ou a requerimento da parte, determinar as provas necessárias ao julgamento do mérito", e do art. 139, VI, do mesmo diploma legal, que dispõe o poder-dever do juiz de "dilatar os prazos processuais e alterar a ordem de produção dos meios de prova, adequando-os às necessidades do conflito de modo a conferir maior efetividade à tutela do direito".

De certo modo, os dois últimos exemplos de decisões — que se utilizam dos poderes instrutórios do juiz para designar uma perícia no limiar do processo e viabilizar a autocomposição, por meio do cumprimento da norma do art. 334 do CPC — encontram fundamento na experiência prática e, como se tem constatado, levam à conclusão de que os índices de conciliação dos processos DPVAT no início do processo são ínfimos.

A adequação feita para que a audiência ocorra na vara deve também ser analisada com cautela, pois não foi o desejo do legislador que a audiência ocorresse de modo automático, com o simples "tem proposta de acordo?". Pelo contrário, apostou-se em uma audiência presidida por conciliador/mediador, não pelo juiz ou assessor, a fim de deixar as partes à vontade e aplicar adequadamente as técnicas voltadas à resolução dos conflitos – lembremos, além disso, que as audiências de conciliação e mediação são regidas pelo princípio da confidencialidade, que fica prejudicado quando presidida pelo juiz da causa, por exemplo. Não havendo estrutura (física e de pessoal) para a concretização dessa promessa, provavelmente serão baixos os índices de acordo.

Também encontramos decisões como a do processo nº 00026564-52.2018.8.17.2001 (nº 144 da amostra), Id nº 32092054, no qual se determinou a dispensa da audiência com base no mesmo *princípio da adequação*: "diante das especificidades da causa e no escopo a adequar o rito processual às necessidades do conflito, deixo para momento oportuno a análise da conveniência da audiência de conciliação". É de se reparar que, no excerto acima, a adequação não visou seguir uma norma vigente do CPC, tampouco para gerar harmonia entre as normas do CPC e da Lei do Seguro DPVAT. Aqui, percebe-se que alguns dos juízos estudados realizam o que parte da doutrina chama de *adaptabilidade* (ou adequação formal).

Sobre a adequação feita pelo magistrado no curso do processo, é importante lembrar que não há normas processuais que imponham critérios objetivos. Diante disso, a doutrina discute alguns critérios para legitimar essa adaptabilidade, através, por exemplo, dos três a seguir: finalidade do ajuste,[65] exercício do contraditório útil e motivação da decisão (GAJARDONI; SOUZA, 2016, p. 179-184).

Como já adiantamos, não é possível inferir que o legislador do CPC/15 tenha ignorado os processos DPVAT ao dispor o art. 334.

---

[65] No âmbito do critério da finalidade, podemos destacar situações em que a flexibilização "está relacionada com a higidez e a utilidade dos procedimentos, isto é, com a possibilidade de dispensa de alguns empecilhos formais irrelevantes para a composição do iter, que de todo modo atingirá seu escopo sem prejuízo das partes" (GAJARDONI; SOUZA, 2016, p. 180).

Assim, é insustentável defender sua inaplicabilidade a esses casos de modo generalizado. Aliás, a indenização requerida judicialmente é direito disponível e suscetível da autocomposição, já tendo sido motivo de mutirões de conciliação no âmbito do próprio TJPE (PERNAMBUCO, 2017-B).

Ocorre que, como nas premissas lançadas, parece haver uma situação excepcional para os casos de processos DPVAT que tramitam nas varas cíveis da comarca do Recife: a posição fechada das seguradoras em não realizar autocomposição na fase inicial do processo. Vale lembrar que não houve um acordo sequer em processo DPVAT dentre aqueles nos quais se realizou a audiência – mesmo que tenha havido perícia prévia, mostrando-se que a realização da perícia (ou mesmo seu resultado), ao fim e ao cabo, também não despertou nesses litigantes o interesse na solução consensual no limiar da ação.

A superabilidade da norma, no entendimento de alguns magistrados, se dá pela posição fincada pelo litigante em não conciliar. Somado a isso, como constatado, há um agravante: essas seguradoras não propuseram acordo nos casos em que houve perícia antes da audiência, mesmo quando o resultado foi favorável ao segurado.

Face a (questionável) superação da norma nos casos DPVAT — e sem fazer juízo de valor sobre a legitimidade da proposta –, a flexibilização procedimental feita para que a perícia médica ocorra antes da audiência acabou sendo a solução encontrada para dirimir eventuais incompatibilidades entre CPC/15 e Lei nº 6.194/74.

6.4.3 Ausência de justificativa (cite-se)

No item 5.3, a segunda categoria mais presente na primeira amostra e a mais presente na segunda foi a das decisões que dispensam a audiência sem apresentar nenhuma justificativa. Basicamente, cita-se o réu para apresentar resposta à ação.

Nesses casos, o magistrado deixa de seguir uma norma a que estaria obrigado, sem demonstrar sua inaplicabilidade para o caso em questão. Há uma postura *contra legem* sem argumento *contra legem* porque aqui o magistrado sequer se desincumbiu do dever de "justificar o ajuste", agindo de modo voluntarista, por motivos desconhecidos pelos demais sujeitos processuais.

6.4.4 Argumentação principiológica

Outra forma de fundamentar a dispensa de modo *contra legem* também vislumbrada em uma quantidade razoável de casos foi a justificação com base em princípios.

A decisão do Processo nº 0043103-30.2017.8.17.2001 (nº 158 da amostra), Id nº 32515647, é um bom exemplo. Diversos foram os argumentos utilizados:

> Em feitos como esse, não se justifica a realização da audiência de conciliação prevista no art. 334 do NCPC, tendo em vista que, nesta fase processual, não vislumbro possibilidade concreta de acordo, implicando, desta forma, a designação da referida audiência em prática de ato sem utilidade.
> Por oportuno, cabe ressaltar que, se for de interesse das partes, poderá ser designada, a qualquer momento, audiência de conciliação, não havendo, por consequência, qualquer prejuízo às partes pela não realização, neste momento, da audiência prevista no art. 334 do NCPC.
> Neste diapasão, em homenagem aos Princípios da Razoável Duração do Processo, Celeridade e Economia Processual, determino a citação da ré, para querendo ofertar defesa no prazo de 15 dias, nos termos do art. 335 do NCPC, sob pena de revelia.

Percebemos que o juízo busca prestigiar o princípio da eficiência, dispensando a decisão pelo fato de não vislumbrar possibilidade concreta de acordo. Por fim, invoca os princípios da Razoável Duração do Processo, Celeridade e Economia Processual para fundamentar a ordem de citação do réu para oferecimento de resposta.

No Processo nº 0034717-11.2017.8.17.2001 (nº 231 da amostra), Id nº 21681563, justificou-se, invocando-se a eficiência, para além do princípio da celeridade, já que o juízo, em meados de 2017, isto é, após mais de um ano da vigência do CPC/15, não havia obtido nenhum caso de autocomposição na audiência do art. 334 do CPC:

> em que pese a instauração da Câmara de Conciliação e Mediação, agasalha este Juízo o entendimento de que o acúmulo da pauta poderá ensejar verdadeiro malferimento ao princípio da celeridade processual

insculpido como garantia fundamental no art. 5º LXXVIII, da Carta da República. Note-se que este Juízo jamais presenciou a harmonização dos interesses em casos desde jaez.

Mas, como visto, o fundamento mais utilizado na segunda amostra (considerando que a categoria que ficou à frente foi a própria ausência de fundamentação) foi a de que o desinteresse do autor bastaria para a audiência não acontecer, ou seja, a justificação com base no princípio da autonomia da vontade ou voluntariedade, que rege a conciliação e a mediação.

Muitas vezes, esse argumento encontra-se aliado a outros na mesma decisão – como os citados acima da "improbabilidade do acordo" ou de princípios como celeridade, duração razoável do processo ou economia processual –, a exemplo das justificativas lançadas na decisão que dispensou a audiência no Processo nº 0022863-83.2018.8.17.2001 (nº 418 da amostra), Id nº 31372773:

> Considerando que o postulante não manifestou interesse na realização de audiência de conciliação prévia; considerando que a realização desta audiência impõe substancial retardo da marcha processual; considerando que, para ser exitosa, a mencionada audiência requer a disposição de parte a parte para transigir; considerando que a não designação desta solenidade não obsta que as partes ponham fim o processo através de concessões mútuas no curso da demanda;

Acerca desse tipo de justificação, é preciso atentar para a existência de peculiaridades no caso concreto que a possibilitem (o que não parece ter sido o caso das decisões retromencionadas), uma vez que uma regra válida não pode ser inobservada de modo apriorístico pela aplicação de princípios.

6.4.5 Peculiaridades do caso concreto

O último bloco de decisões é o daquelas nas quais alguma peculiaridade do caso concreto foi a razão para a dispensa da audiência do art. 334 do CPC. Quando o juízo aduz que há peculiaridades no caso que permitem a dispensa da audiência, deve apontar quais peculiaridades são essas e por que elas tornam superada a regra em questão, sob pena de prolatarem decisões voluntaristas.

No Processo nº 0005007-72.2019.8.17.2001 (nº 143 da amostra), Id nº 40924029, afirmou o juízo: "Atento ao teor da demanda, deixo de designar audiência prévia de conciliação, na forma do art. 334 do NCPC". De modo semelhante, no Processo nº 0039643-98.2018.8.17.2001 (nº 54 da amostra), Id nº 34678820, a justificativa foi a seguinte: "Considerando as peculiaridades no caso concreto, resolvo, excepcionalmente, dispensar a realização da audiência de conciliação a que se refere o art. 334 do CPC, sem prejuízo das partes transacionarem extrajudicialmente ou durante a tramitação processual". Todavia, não é possível encontrar, nas decisões acima, nenhum detalhamento no "teor da demanda" ou das "peculiaridades do caso", não havendo como saber se a aplicabilidade da regra é, de fato, dispensável.

Para além da fundamentação específica, é preciso haver uma clareza quanto à inaplicabilidade da regra para o caso em questão, isto é, o que há nele que impede de se aplicar o art. 334 do CPC. Nos três exemplos dados a seguir, a justificativa utilizada também não parece infirmar a aplicação da regra em questão.

No Processo nº 0015138-09.2019.8.17.2001 (nº 164 da amostra), decisão de Id nº42070802, afirmou o juízo que "Considerando a existência de convenção de arbitragem no contrato celebrado entre as partes, fica dispensada a realização da audiência do art. 334 do CPC". Ora, a convenção de arbitragem é motivo para a extinção do processo sem resolução de mérito,[66] contudo, não guarda relação com a possibilidade de as partes acordarem enquanto ainda há processo judicial.[67]

Já no caso do Processo nº 0023005-87.2018.8.17.2001 (nº 103 da amostra), decisão de Id nº 31609953, motivou-se nos seguintes termos:

---

[66] Art. 485, CPC: O juiz não resolverá o mérito quando:
[...]
VII – acolher a alegação de existência de convenção de arbitragem ou quando o juízo arbitral reconhecer sua competência;

[67] Art. 7º da Lei de Arbitragem (9.307/96): Existindo cláusula compromissória e havendo resistência quanto à instituição da arbitragem, poderá a parte interessada requerer a citação da outra parte para comparecer em juízo a fim de lavrar-se o compromisso, designando o juiz audiência especial para tal fim.
[...]
§2º Comparecendo as partes à audiência, o juiz tentará, previamente, a conciliação acerca do litígio. Não obtendo sucesso, tentará o juiz conduzir as partes à celebração, de comum acordo, do compromisso arbitral.

"Diante do pedido de concessão de tutela de urgência, entretanto, deixo de designar a audiência de conciliação prevista no art. 334, CPC, sem prejuízo de posterior designação, caso as partes formulem requerimento expresso nesse sentido". Assim como no caso anterior, não há qualquer razão aparente que sustente que a existência de pedido de tutela provisória torna superada a norma do art. 334 do CPC.

Um último caso a ser analisado é o da dispensa da audiência em razão de haver citação por edital da parte demandada. No processo nº 0032766-79.2017.8.17.2001 (nº 146 da amostra), Id nº 25824864, fundamentou o juízo: "Dispenso a realização da audiência preliminar, tendo em vista a inocuidade de tal medida diante da citação ficta, hipótese em que o prazo para a contestação iniciar-se-á no dia útil seguinte ao término do prazo acima fixado, nos termos do art. 231, IV, do CPC".

A citação ficta é aquela feita através de publicação oficial, com prazo de 20 a 60 dias úteis, findo o qual dá-se por citado o réu. Porém, desde que a audiência não seja designada numa data anterior ao término do referido prazo, não há nenhuma incompatibilidade – *a priori* – que justifique a dispensa acima.

Como visto, peculiaridades do caso concreto podem ser razões válidas de superação de uma regra, mas devem ser detalhadas e motivadas, momento no qual o magistrado demonstrará por que essas nuances são aptas a superar a norma positivada.

6.5 Análise quantitativa por regressão logística: valor da causa e tipo de réu podem estar relacionados a não realização da audiência?

6.5.1 Explicando o método escolhido: a regressão logística (*logit*)

Como já foi introduzido, a regressão logística é uma ferramenta de pesquisa

empregada para testar as hipóteses previstas nos diversos modelos formais, ao verificar se existe associação entre a presença, ou ausência, de variáveis extraídas dos modelos e os resultados binários esperados, baseados na referida escolha entre alternativas, de modo a indicar, no campo da probabilidade, se a presença das variáveis explicativas aumenta ou diminui as chances de o evento predito ocorrer (GOMES NETO; BARBOSA; VIEIRA, 2018, p. 229).

A *regressão* está intimamente aliada à *correlação*, quando o interesse é extrair a força da associação entre duas variáveis. Especificamos uma variável como dependente e outra como independente. Isto é, acredita-se que uma variável influencia a outra (LEVIN; FOX; FORDE, 2014, p. 401). Por isso, esta pesquisa tem como hipótese a afirmação de que fatores como valor da causa e tipo de réu estão associados à não realização da audiência preliminar em varas cíveis.

Como se pode perceber, as variáveis escolhidas são fatores processuais que podem interferir nas escolhas institucionais de seguir ou não o comando da lei. Em outras palavras, como parte dos magistrados entende que designar a audiência do art. 334 do CPC é uma escolha discricionária, testamos se a presença ou variação desses fatores processuais pode interferir nesse processo decisório.

O valor da causa foi eleito para verificar se, com o seu aumento, os magistrados tendem a levar o caso à conciliação/mediação ou se desacreditam na autocomposição. No que tange ao tipo de réu, sabemos que uma boa parcela dos réus das ações que tramitam em varas cíveis são litigantes habituais e que, conforme já explanado, muitos deles têm uma política prévia de não conciliar no início do procedimento. Por outro lado, em que pese o índice baixo de conciliação (menos de 10%), os litigantes raros, quando estão no polo passivo, já transacionam bem mais em audiência que os habituais.

Foram feitos dois levantamentos: um com os primeiros 380 processos encontrados, e outro substituindo os 81 processos que versam sobre seguro DPVAT na amostra inicial por outros de qualquer temática.

Para a obtenção da regressão logística, preencheu-se duas matrizes, uma para cada fator testado (que são, no caso, as variáveis independentes, marcadas com X). A variável dependente (Y) corresponde à designação (preenchida com 1) ou não designação *contra legem* (preenchida com 0) da audiência. Após o preenchimento dessas matrizes, reproduziu-se cada uma delas substituindo-se os processos sobre seguro DPVAT por outros de outras matérias. Totalizou-se, portanto, quatro matrizes.

> Codificadas as informações extraídas dos casos integrantes da amostra pesquisada e preenchida a respectiva matriz, os dados serão submetidos à análise estatística por regressão logística, através de cálculos de função logarítmica relacionados às referidas variáveis. Tais cálculos são, nos dias de hoje, realizados por aplicativos de processamento de dados e de análise estatística (Microsoft Excel, SAS, SYSTAT, R, Stata, SPSS, Python, BioStat, dentre outros), cujos resultados (*outputs*) são apresentados através de expressões numéricas, a serem devidamente interpretadas (e compreendidas) à luz dos modelos, da teoria e das hipóteses inerentes às questões de pesquisa (GOMES NETO; BARBOSA; VIEIRA, 2018, p. 221-222).

No presente trabalho, após planilhar os dados em Excel, utilizou-se o *software* SPSS para extrair a regressão logística. Para cada variável independente, o programa fornece uma tabela, no seguinte modelo:

TABELA 5 – Resultados fornecidos pelos programas de processamento de dados e de estatística para a análise por regressão logística

B I S.E. I Wald I df I Sig. I Exp(B)

Fonte da tabela: GOMES NETO; BARBOSA; VIEIRA, 2018, p. 222.

Para a análise que se pretende fazer, dos seis valores em equação fornecida, três importam: *B* (coeficiente), *Sig.* (significância) e *Exp(B)* (razões de chance).

O coeficiente (*B*) diz a tendência (positiva ou negativa). Apesar de expresso em números, para esta análise apenas importa o sinal do coeficiente, que tem sua leitura associada a do exponencial para, assim, mostrar "a intensidade da associação entre a chance de se verificar a variável dependente (resposta) e a presença das variáveis independentes (explicativas)" (GOMES NETO; BARBOSA; VIEIRA, 2018, p. 222).

A significância (*Sig.*) demonstra a robustez do modelo para explicar a associação entre as variáveis testadas, isto é, se é cabível realizar a inferência estatística a partir dos resultados obtidos ou se tal resultado é produto, dentre diversas causas possíveis, de um viés ou de um erro amostral. Por padrões internacionais, quanto mais próximo de 0,05, melhor a explicação (GOMES NETO; BARBOSA; VIEIRA, 2018, p. 222). No caso em tela, como algumas variáveis aparecem em poucos casos na amostra (ex: encontramos poucos casos com valor da causa acima de R$50.000,00), a significância pode dar um valor alterado, embora o resultado encontrado seja importante para responder à pergunta. Em outras palavras, embora responda ao problema de pesquisa, não se tem, para aquela variável, uma quantidade sólida de dados. Em se tratando de uma seleção aleatória de casos, no entanto, não é possível selecionar apenas amostras com a quantidade de casos de uma variável para robustecer a significância, sob pena de se enviesar a seleção da amostra.

A exponencial ou razão de chance (*Exp(B)*) diz o quanto as chances do evento se alteram na presença da variável, e é necessário que seja lido em conjunto com o coeficiente. Se o coeficiente é positivo, o exponencial mostra o quanto as chances aumentam; se for negativo, o exponencial mostra o quanto as chances diminuem. Se o exponencial é muito próximo a zero, significa que não existe associação entre a variável e o resultado. Assim, por exemplo, se o resultado do exponencial é 1,5, e o sinal do coeficiente é positivo, significa que o aumento de uma unidade da variável explicativa X1 influi positivamente em um aumento de uma vez e meia (ou de 150%) nas chances de ocorrer o evento esperado (1) (GOMES NETO; BARBOSA; VIEIRA, 2018, p. 223).

Passemos, então, à análise por regressão logística de cada variável.

6.5.2 Primeira variável: valor da causa

Os testes feitos com variações de valor da causa demonstram um comportamento judicial que se modifica conforme varia o valor da causa, porém, não permitem inferir estatisticamente o quanto aumentam ou diminuem as chances de que se designe o ato diante de cada uma das variáveis observadas. Vejamos os valores encontrados:

TABELA 6 – Valor da causa – resultados da matriz 1 (amostra inicial)

	B	S.E.	Wald	df.	Sig.	Exp(B)
X1	-0,64	0,23	7,70	1	0,006	0,53
Constant	0,97	0,14	48,56	1	0,000	2,62
—	—	—	—	—	—	—
	B	S.E.	Wald	df.	Sig.	Exp(B)
X2	0,3	0,22	0,02	1	0,875	1,04
Constant	0,73	0,15	22,80	1	0,000	2,08
—	—	—	—	—	—	—
	B	S.E.	Wald	df.	Sig.	Exp(B)
X3	1,69	0,62	7,54	1	0,006	5,42
Constant	0,65	0,11	32,56	1	0,000	1,91
—	—	—	—	—	—	—
	B	S.E.	Wald	df.	Sig.	Exp(B)
X4	0,42	0,38	1,24	1	0,265	1,53
Constant	0,71	0,12	37,43	1	0,000	2,03

Fonte: elaboração do autor.

TABELA 7 – Valor da causa – resultados da matriz 2 (sem processos DPVAT)

	B	S.E.	Wald	df.	Sig.	Exp(B)
X1	0,1	0,3	0	1	0,985	1,01
Constant	1,56	0,16	96,27	1	0,000	4,75
—	—	—	—	—	—	—
	B	S.E.	Wald	df.	Sig.	Exp(B)
X2	0,23	0,27	0,7	1	0,403	1,26
Constant	1,46	0,18	65,34	1	0,000	4,29
—	—	—	—	—	—	—
	B	S.E.	Wald	df.	Sig.	Exp(B)
X3	-0,11	0,4	0,07	1	0,787	0,9
Constant	1,57	0,15	116,93	1	0,000	4,82
—	—	—	—	—	—	—
	B	S.E.	Wald	df.	Sig.	Exp(B)
X4	-0,37	0,37	1	1	0,317	0,69
Constant	1,61	0,15	119,33	1	0,000	5,02

Fonte: elaboração do autor.

Com isso, as razões de chance das duas matrizes são expressas no gráfico 9, no qual a parte esquerda expressa o levantamento inicial, e a parte direita diz respeito ao levantamento, excluindo-se os processos que versam sobre o seguro DPVAT.

GRÁFICO 9 – Razões de chance (ExpB) – Valor da causa.
Amostra inicial x sem processos DPVAT
Demonstra as razões de chance, isto é, as chances de
uma audiência não ser designada a partir do valor da causa.

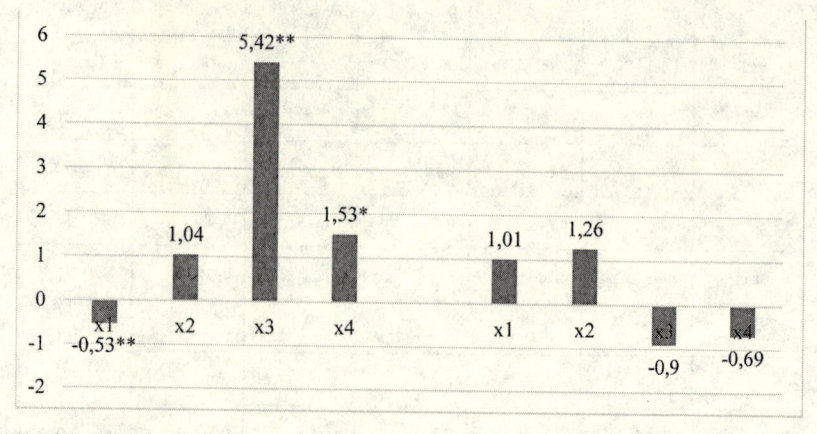

**: Alta significância
*: Boa significância
Fonte: elaboração do autor.

Retirando os processos DPVAT da amostra[68] e olhando para o lado direito do gráfico, percebemos que as razões de chance ligeiramente se invertem, com aumento de chance de designação das audiências para as causas de valores mais baixos (x1 e x2) e redução de chance para as de valor mais alto (x3 e x4). Ocorre que a significância (*Sig.*) desse levantamento ficou em patamares distantes do ideal (0,05) e não estiveram sequer abaixo do mínimo aceitável estipulado por padrões internacionais (0,3) em nenhuma das variáveis independentes testadas.

Como dito no tópico em que explicamos o modelo, uma significância baixa nos permite responder ao problema de pesquisa, contudo, para realizar a inferência estatística a partir dos resultados

---

[68] A primeira matriz, que contém processos de seguro DPVAT apontou forte tendência (significância elevada para x1, x3 e x4) de designação das audiências nas categorias x3 e x4 e de não designação *contra legem* em x1. Contudo, tal matriz, a nosso ver, ficou enviesada em razão do fato de os processos que versam sobre seguro DPVAT terem valor da causa máximo em R$13.500,00, portanto, só variam entre x1 e x2. Como em quase 90% desses feitos não foram marcadas as audiências, os resultados expressados na parte direita do gráfico 8 são de que as chances de marcar as audiências aumentam diante de valores altos da causa (x3 e x4).

obtidos da variável observada, necessita-se de uma quantidade mais sólida de dados.

Portanto, o que se pode concluir sobre essa variável, excluindo-se os processos sobre seguro DPVAT, é que há indicativo de correlação entre a designação das audiências e as causas de valores mais baixos (até R$50.000,00), situação que se inverte quando o valor ultrapassa os R$50.000,01, sem que seja possível precisar estatisticamente as razões de aumento ou diminuição de chance.

Tais achados podem estar relacionados a um descrédito mais acentuado da classe judicial em relação à autocomposição na fase inicial do processo, mais acentuada quando seu valor da causa é mais elevado. É possível identificar um comportamento segundo a máxima de que as causas de menor valor são mais fáceis de se conciliar nas audiências do art. 334 do CPC – teleologia que embasa o procedimento dos Juizados Especiais (regidos pelos princípios da simplicidade e consensualidade).

6.5.3 Segunda variável: tipo de réu

Os testes feitos com variações de tipos de réu demonstram um comportamento judicial que se modifica a depender da natureza do litigante (raro/eventual/contumaz/habitual), porém, também não permitem inferir com precisão numérica o quanto aumentam ou diminuem as chances de que se designe o ato diante de cada uma das variáveis observadas. Vejamos os valores encontrados:

TABELA 8 – Tipo de réu – resultados da matriz 1 (amostra inicial)

(continua)

	B	S.E.	Wald	df.	Sig.	Exp(B)
X1	1,43	0,32	19,84	1	0,000	0,24
Constant	1,89	0,30	40,32	1	0,000	6,62
—	—	—	—	—	—	—
	B	S.E.	Wald	df.	Sig.	Exp(B)
X2	0,40	0,35	1,26	1	0,262	0,67

(conclusão)

	B	S.E.	Wald	df.	Sig.	Exp(B)
Constant	1,10	0,33	10,86	1	0,001	3,00
—	—	—	—	—	—	—
	B	S.E.	Wald	df.	Sig.	Exp(B)
X3	1,16	0,50	5,50	1	0,019	0,31
Constant	1,82	0,48	14,33	1	0,000	6,20
—	—	—	—	—	—	—
	B	S.E.	Wald	df.	Sig.	Exp(B)
X4	-1,29	0,25	26,84	1	0,000	3,63
Constant	0,28	0,14	4,10	1	0,043	1,32

Fonte: elaboração do autor.

TABELA 9 – Tipo de réu – resultados da matriz 2 (sem processos DPVAT)

	B	S.E.	Wald	df.	Sig.	Exp(B)
X1	0,65	0,32	4,06	1	0,044	1,92
Constant	1,38	0,16	79,32	1	0,000	,398
—	—	—	—	—	—	—
	B	S.E.	Wald	df.	Sig.	Exp(B)
X2	-0,49	0,35	1,94	1	0,163	0,61
Constant	1,64	0,15	119,25	1	0,000	5,15
—	—	—	—	—	—	—
	B	S.E.	Wald	df.	Sig.	Exp(B)
X3	-0,20	0,4	0,25	1	0,620	0,82
Constant	1,58	0,15	118,77	1	0,000	4,88
—	—	—	—	—	—	—
	B	S.E.	Wald	df.	Sig.	Exp(B)
X4	-0,10	0,27	0,14	1	0,706	0,9
Constant	1,61	0,19	71,27	1	0,000	5,00

Fonte: elaboração do autor.

Analisando a variação do tipo de réu, é perceptível uma tendência de designar as audiências quando há litigantes raros/eventuais no polo passivo, e de não marcar o referido ato em se tratando de litigantes contumazes/habituais, conforme se observa no gráfico 10:

GRÁFICO 10 – Razões de chance (ExpB) – Tipo de réu.
Amostra inicial x sem processos DPVAT
Demonstra as razões de chance, isto é, as chances de
uma audiência não ser designada a partir do tipo de réu.

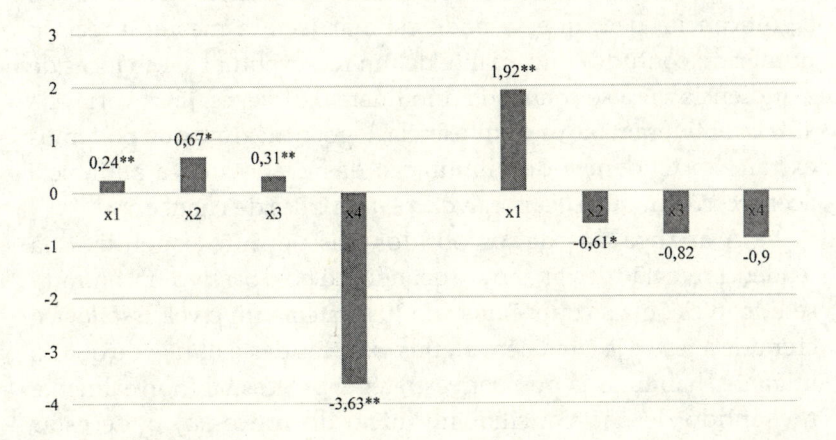

**: Alta significância
*: Boa significância
Fonte: elaboração do autor.

Com a exclusão dos processos DPVAT[69] e a entrada de 81 outros novos, com diferentes litigantes e sem que se possa estabelecer uma postura constante por parte dos juízes, como sói ocorrer nos processos excluídos, obtivemos como resultado uma tendência de designar a audiência quando há litigantes raros no

---

[69] Analisando a parte esquerda do gráfico (amostra inicial), há maior tendência, com elevada significância nos valores obtidos, de não designação da audiência diante de réus habituais (mais de 500 processos no período pesquisado). Na presença desses réus, a chance de não ser marcado o ato diminui 3,63 vezes. No entanto, também nessa amostra, a conduta reiterada adotada pelos magistrados diante de processos que versam sobre seguro DPVAT gerou um viés de resultado. Isso porque todas as seguradoras de DPVAT que foram rés nos processos pesquisados encontram-se na categoria x4 (litigantes habituais).

polo passivo (pessoas físicas, microempreendedores individuais, microempresas e pessoas jurídicas de pequeno porte, via de regra) e uma tendência de não designação aumenta à medida que o réu se torna mais habitual na Justiça comum cível (é possível perceber que as razões de chance em x4 são maiores que em x3, que por sua vez são maiores que em x2).

Das quatro variáveis obtidas na parte direita da tabela, x1 obteve alta significância, pelo que se pode concluir, com precisão, que, diante de um réu raro, as chances de se designar a audiência do art. 334 do CPC aumentam 1,92 vezes. A variável x2 obteve boa significância, pelo que se pode estimar (sem a mesma precisão numérica, contudo) que, diante de um réu eventual, as chances de a audiência vir a ser marcada diminuem 0,61 vezes. Já as variáveis x3 e x4 obtiveram baixa significância, logo, o máximo que podemos extrair é a tendência de diminuição das chances de a audiência acontecer, sem que seja possível cravar razões de chance.

A análise dos dados obtidos nos permite concluir uma tendência em não designar o ato quando, no polo passivo, encontram-se litigantes "mais conhecidos" da Justiça comum cível. Isso leva a crer que a tese – já citada em alguns excertos desta obra – de que os litigantes habituais já possuem estratégia processual (normalmente no sentido de não conciliar no início do processo) pode estar influenciando juízes a designarem menos audiências nesses casos.

Nesta obra, percorremos um caminho inicialmente histórico, em seguida dogmático e, por fim, empírico para entendermos diversas problemáticas inerentes à aplicação da norma do art. 334 do CPC, pelos atores do sistema de Justiça cível, em seus primeiros anos de vigência do Código de ritos.

Inicialmente, frisamos a reforma processual efetuada ao longo do tempo, que culminou com o Código de Processo Civil e a Lei de Mediação, ambos sancionados em 2015, com a finalidade de retirar a solução de controvérsias por força da decisão imposta pelo juiz do centro do sistema de Justiça civil para que outros meios sejam igualmente estimulados e utilizados, pois, em diversos casos, resolvem o conflito de modo mais adequado. É o exemplo da autocomposição, cada vez mais realizada sob as formas da conciliação e da mediação.

Para tanto, uma das reformas feitas em 2015 foi retornar ao modelo de tentativa de conciliação obrigatória no início do processo, que perdurou até o final do século XIX no Brasil e deixou de ser adotado, voltando repentinamente no atual código. Generalizou-se a política a todos os feitos que tramita pelo procedimento comum, com a aprovação do artigo 334 do CPC.

Feita uma extensa análise crítica do art. 334 do CPC, para além do ponto de vista histórico, questionamos a obrigatoriedade de comparecimento à audiência também pelo viés dogmático, pois o próprio CPC reza que a conciliação e a mediação serão regidas pela autonomia da vontade das partes. Ademais, fez-se um estudo comparativo com o art. 331 do CPC/73, dispositivo mais semelhante ao art. 334 do CPC/15, mas, ao mesmo tempo, com sensíveis diferenças, sobretudo no que se refere aos objetivos.

Sendo o dispositivo bastante controverso, foi possível identificar, desde pouco tempo de vigência, resistência dos atores processuais, sobretudo o magistrado, principal destinatário da norma. Diante da regra que impõe obrigatoriedade, com apenas duas hipóteses de exceção – raras de acontecer, cumpre destacar –, uma decisão que se utilize de argumento *contra legem* para dispensá-la seria necessariamente nula?

No estudo da tese da argumentação *contra legem*, foi visto que toda norma é superável, mas que, na divisão entre regras e princípios, a superabilidade destes é imanente, enquanto a daquelas é excepcional. Ademais, em alguns casos, as normas possuem significações mínimas, sendo a argumentação *contra legem* aquela na qual seus enunciados não são fiéis a esses significados mínimos (ou preliminares). Os significados mínimos, por sua vez, só podem ser desprezados caso se comprove a inconstitucionalidade do enunciado normativo em questão ou uma modificação da situação fática para a qual foram concebidos. Daí constatamos ser o caso do art. 334 do CPC, que contém alguns significados mínimos, como "designará" (*caput*) e "se ambas as partes manifestarem...".". (§4º, I). Ainda, há um ressaltado dever de justificação (fundamentação) da decisão que se utiliza de argumentos contrários ao texto expresso da lei, mesmo que este dever não esteja expressamente previsto no art. 489, §1º do CPC, já que este dispositivo traz rol meramente exemplificativo.

Lançadas essas bases dogmáticas, passamos à análise empírica do dispositivo estudado, tendo-se, para tanto, escolhido as varas cíveis da comarca do Recife-PE (TJPE). Primeiramente, investigamos sua eficiência enquanto política institucional, quando constatamos baixíssimo índice de acordo (abaixo de 5%), além de um quantitativo de 25% de audiências marcadas, porém frustradas/não realizadas por diversos motivos. Ainda, apresentamos dados que corroboram para a tese de que há uma política dos litigantes habituais em não conciliar na audiência inicial, porém, eventualmente, tendem a procurar a parte adversa para conciliar fora das audiências judiciais (em negociação privada), sendo eles os réus que mais realizam acordos dessa natureza.

No último capítulo, a análise empírica de natureza quali--quanti voltou-se a um mapeamento do comportamento judicial diante da regra de designar as audiências. Antes de expor os dados, ressaltamos um bloco de casos que se sobressai na amostra: o dos processos que versam sobre seguro DPVAT. Isso porque observamos um padrão decisório em cerca de 90% dos processos analisados no sentido de não designar a audiência, considerando ainda que o valor da causa é baixo (tendo como teto R$13.500,00), o tipo de réu é sempre o mesmo (habitual). Por isso, após levantar os 380 processos da amostra, substituímos todos os 81 processos cuja matéria é Seguro DPVAT por outros de quaisquer diferentes temáticas, extraindo uma segunda amostra.

Analisando os teores das decisões, percebemos que, sem contar com os casos DPVAT – cujo fundamento da necessidade de perícia prévia foi o mais utilizado –, houve 25 processos nos quais a audiência foi dispensada sem qualquer justificativa (o juízo resumiu-se ao "cite-se para contestar"), 24 foram fundamentados no princípio da autonomia da vontade do autor (em outras palavras: bastaria o requerimento de dispensa do autor), 16 com fundamentação principiológica (celeridade, economia processual, eficiência, instrumentalidade das formas, etc.) e oito com base na suposta possibilidade de marcar a audiência em momento posterior. As demais categorias estiveram divididas em valores semelhantes iguais ou menores que três processos.

Realizada a análise por regressão logística, constatamos tendências dos juízos diante das variações de dois fatores processuais testados. Quanto ao valor da causa, observamos uma diminuição das chances de marcar a audiência nas causas de valores mais elevados (a partir de R$50.000,00). Já em relação ao tipo de réu, as chances de designar o ato em questão diminuíram para os réus habituais (acima de 500 feitos no período observado).

Portanto, analisando o comportamento judicial e testados alguns fatores processuais, concluímos que se diminuem as chances de os juízos de varas cíveis da comarca de Recife/PE marcarem a audiência:

   a) Em casos que versam sobre seguro DPVAT;
   b) Em casos de valor da causa elevado (acima de R$50.000,00);
   c) Quando no polo passivo há litigantes comuns – eventuais, contumazes ou habituais (com mais de 10 feitos ajuizados durante o período investigado).

REFERÊNCIAS

ABELHA, Marcelo. *Manual de direito processual civil*. 6. ed. Recurso Eletrônico. Rio de Janeiro: Forense, 2016.

ABBOUD, Georges. *Processo Constitucional Brasileiro*. 4. ed. Recurso Eletrônico. São Paulo: Thomson Reuters Brasil (Revista dos Tribunais), 2020.

ABBOUD, Georges; LUNELLI, Guilherme. Ativismo judicial e instrumentalidade do processo: diálogos entre discricionariedade e democracia. *Revista de Processo*, v. 242, abr. 2015, p. 21-47.

ALEXY, Robert. *Teoria de los derechos fundamentales*. Trad. Ernesto Garzón Valdés. Madrid: Centro de Estudios Constitucionales, 1993.

ALVIM, José Eduardo Carreira. *Ação monitória e temas polêmicos da reforma processual*. 3. ed. Belo Horizonte: Del Rey, 1999.

ALVIM, José Eduardo Carreira. *Teoria Geral do Processo*. 21. ed. Recurso Eletrônico. rev. e atual. Rio de Janeiro: Forense, 2018.

ÁVILA, Humberto. *Teoria dos Princípios*: da definição à aplicação dos princípios jurídicos. 4. ed. São Paulo: Malheiros, 2005.

BENVINDO, Juliano Zaiden. A constitucionalidade da sessão privada de conciliação judicial em processos de separação e divórcio: um estudo focado em psicologia cognitiva e em situações de contexto. In: AZEVEDO, André Gomma. (Org.). *Estudos em Arbitragem, Mediação e Negociação*. v. 2, Brasília-DF: Grupos de Pesquisa, 2003. p. 325-365.

BRASIL. Câmara dos Deputados. *Projeto de Lei nº 3.813/2020*. Ricardo Barros. Apresentado em 15 jul. 2020. 2020-A. Disponível em: https://www.camara.leg.br/proposicoesWeb/fichadetramitacao?idProposicao=2257795. Acesso em: 9 dez. 2020.

BRASIL. Conselho Nacional de Justiça. *Justiça em Números 2016*: ano-base 2015. Brasília: CNJ, 2016-A, 400 p. Disponível em: https://www.cnj.jus.br/wp-content/uploads/2011/02/b8f46be3dbbff344931a933579915488.pdf. Acesso em: 26 dez. 2019.

BRASIL. Conselho Nacional de Justiça. *Justiça em Números 2017*: ano-base 2016. Brasília: CNJ, 2017, 188 p. Disponível em: https://www.cnj.jus.br/wp-content/uploads/2019/08/b60a659e5d5cb79337945c1dd137496c.pdf. Acesso em: 26 dez. 2019.

BRASIL. Conselho Nacional de Justiça. *Justiça em Números 2018*: ano-base 2017. Brasília: CNJ, 2018, 212 p. Disponível em: https://www.cnj.jus.br/wp-content/uploads/2011/02/8d9faee7812d35a58cee3d92d2df2f25.pdf. Acesso em: 26 dez. 2019.

BRASIL. Conselho Nacional de Justiça. *Justiça em Números 2019*: ano-base 2018. Brasília: CNJ, 2019-A, 238 p. Disponível em: https://www.cnj.jus.br/wp-content/uploads/conteudo/arquivo/2019/08/justica_em_numeros20190919.pdf. Acesso em: 24 set. 2019.

BRASIL. Conselho Nacional de Justiça. *Justiça em Números 2020*: ano-base 2019. Brasília: CNJ, 2020-B. Disponível em https://www.cnj.jus.br/wp-content/uploads/2020/08/WEB-V3-Justi%C3%A7a-em-N%C3%BAmeros-2020-atualizado-em-25-08-2020.pdf. Acesso em: 4 set. 2020.

BRASIL. Conselho Nacional de Justiça. *Manual de Mediação Judicial*. 6. ed. Brasília: CNJ, 2016. 2016-B.

BRASIL. Conselho Nacional de Justiça. *Nota Técnica nº 0010642-32.2018.2.00.0000* (inteiro teor). Relatoria: Gab. Cons. Maria Cristiana Ziouva. Órgão julgador colegiado: Plenário. Julgado em 07/08/2019. 2019-B. Disponível em: https://www.amb.com.br/wp-content/uploads/2019/08/Ac%c3%b3rd%c3%a3o-Nota-T%c3%a9cnica-1.pdf. Acesso em: 25 jan. 2020.

BRASIL. Conselho Nacional de Justiça. *Panorama do acesso à justiça no Brasil, 2004 a 2009*. Brasília: CNJ, jun./2011, 74 p. Disponível em: https://www.cnj.jus.br/wp-content/uploads/2011/02/69f08fa6be2b411e6566b84bdc1d4b5a.pdf. Acesso em: 7 dez. 2019.

BRASIL. Conselho Nacional de Justiça. *Relatório de inspeção: Tribunal de Justiça do Estado de Pernambuco* – NUPEMEC, CEJUSC e 1ª Vara Especializada em Violência Doméstica e Familiar, 2019-C, Portaria nº 10, de 19 mar. 2019. Período: 08 a 12 abr. 2019. Recife, 08 abr. 2019.

BRASIL. Conselho Nacional de Justiça. *Resolução nº 125, de 29 de novembro de 2010*. Brasília, 2010.

BRASIL. Constituição (1988). *Constituição da República Federativa do Brasil*. Brasília, DF, 1988.

BRASIL. Lei nº 968, de 10 de dezembro de 1949. Estabelece a fase preliminar de conciliação ou acordo nas causas de desquite litigioso ou de alimentos, inclusive os provisionais, e dá outras providências. *Diário Oficial da União*. Brasília, 1949.

BRASIL. Lei nº 5.478, de 26 de julho de 1968. Dispõe sobre ação de alimentos e dá outras providências. *Diário Oficial da União*. Brasília, 1968.

BRASIL. Lei nº 5.869, de 11 de janeiro de 1973. Institui o código de processo civil. *Código de Processo Civil*. Brasília, 1973.

BRASIL. Lei nº 6.194, de 19 de dezembro de 1974. Dispõe sobre Seguro Obrigatório de Danos Pessoais causados por veículos automotores de via terrestre, ou por sua carga, a pessoas transportadas ou não. *Diário Oficial da União*. Brasília, 1974.

BRASIL. Lei nº 7.244, de 7 de novembro de 1984. Dispõe sobre a criação e o funcionamento do Juizado Especial de Pequenas Causas. *Diário Oficial da União*. Brasília, 1984.

BRASIL. Lei nº 8.952, de 13 de dezembro de 1994. Altera dispositivos do Código de Processo Civil sobre o processo de conhecimento e o processo cautelar. *Diário Oficial da União*. Brasília, 1994.

BRASIL. Lei nº 9.099, de 27 de setembro de 1995. Dispõe sobre os Juizados Especiais Cíveis e Criminais e dá outras providências. *Diário Oficial da União*. Brasília, 1995.

BRASIL. Lei nº 9.245 de 26 de dezembro de 1995. Altera dispositivos do Código de Processo Civil, relativos ao procedimento sumaríssimo. *Diário Oficial da União*. Brasília, 1995.

BRASIL. Lei nº 9.307, de 23 de setembro de 1996. Lei da Arbitragem. Brasília, 1996.

BRASIL. Lei nº 10.406, de 10 de janeiro de 2002. Institui o Código Civil. *Diário Oficial da União*. Brasília, 2002.

BRASIL. Lei nº 11.382, de 6 de dezembro de 2006. Altera dispositivos da Lei nº 5.869, de 11 de janeiro de 1973 - Código de Processo Civil, relativos ao processo de execução e a outros assuntos. *Diário Oficial da União*. Brasília, 2006.

BRASIL. Lei nº 13.105, de 16 de março de 2015. Código de Processo Civil. *Diário Oficial da União*. Brasília, 2015.

BRASIL. Lei nº 13.140, de 26 de junho de 2015. Lei de Mediação. *Diário Oficial da União*. Brasília, 2015.

BRASIL, Senado Federal. *Código de processo civil e normas correlatas*. 7. ed. Brasília: Senado Federal, Coordenação de Edições Técnicas, 2015. 2015-A.

BRASIL, Senado Federal. *Proposta de Emenda à Constituição nº 108/2015*. Relator Senador Vincentinho Alves. Brasília: Senado Federal, 2015. 2015-B. Disponível em: https://www.conjur.com.br/dl/pec-conflitos-alternativas.pdf. Acesso em: 03 set. 2018.

BRASIL, Superior Tribunal de Justiça, Primeira Turma. *Recurso Especial nº 1.769.949-SP*, Relator Napoleão Nunes Maia Filho, Brasília, 2020-C, julgado em 08 set. 2020, disponibilizado eletronicamente em 02 out. 2020.

BRASIL, Superior Tribunal de Justiça, Quarta Turma. *Agravo Interno no Recurso em Mandado de Segurança nº 56.422/MS*, Relator Ministro Raul Araújo, Brasília, 2021, julgado em 08 jun. 2021, disponibilizado eletronicamente em 16 jun. 2021.

BRASIL, Superior Tribunal de Justiça, Quarta Turma. *Recurso Especial nº 1.548.783-RS*, Relator Ministro Luis Felipe Salomão, Brasília, 2019-D, julgado em 11 jun. 2019, disponibilizado eletronicamente em 05 ago. 2019.

BRASIL, Supremo Tribunal Federal, Pleno, *SE-AgRg 5.206/EP*, Rel. Min. Sepúlveda Pertence, julgado em 12 dez. 2001.

BUARQUE, Rodrigo Costa; PEDRA, Adriano Sant'Ana. A Recusa das Partes à Audiência Preliminar no Novo Código de Processo Civil: necessidade de motivação ante o dever fundamental de cooperação com a justiça. *Revista Magister de Direito Civil e Processo Civil*. Porto Alegre: Magister, v. 72. ano 12, p. 112-123, mai./jun. 2016.

BUSTAMANTE, Thomas da Rosa. *Argumentação* contra legem: a teoria do discurso e a justificação jurídica nos casos mais difíceis. Rio de Janeiro: Renovar, 2005.

BUZZI, Marco Aurélio Gastaldi. O Princípio da Cooperação e a Audiência prevista no artigo 334 do Novo Código de Processo Civil. *Revista FONAMEC*, Rio de Janeiro, v. 1, n. 1, p. 263-272, mai. 2017.

CABRAL, Antonio do Passo. *Convenções processuais*. Salvador: Ed. JusPodivm, 2016.

CABRAL, Antonio do Passo; CUNHA, Leonardo Carneiro da. Negociação direta ou resolução colaborativa de disputas (*collaborative law*): "mediação sem mediador". *Revista de Processo*. São Paulo: Revista dos Tribunais, v. 259, p. 471-489, set. 2016.

CABRAL, Trícia Navarro Xavier. A conciliação e a mediação no CPC/2015. In: CARVALHO FILHO, Antônio; SAMPAIO JÚNIOR, Herval. *Os juízes e o Novo CPC*. Salvador: Juspodivum, 2017. p. 151- 165.

CABRAL, Trícia Navarro Xavier. Análise comparativa entre a Lei de Mediação e o CPC/2015. In: ZANETI JR., Hermes, CABRAL, Trícia Navarro Xavier. *Justiça Multiportas*: mediação, conciliação, arbitragem e outros meios de solução adequada para conflitos. Salvador: Juspodivm, 2016. p. 463-484.

CÂMARA, Alexandre Freitas. *O novo processo civil brasileiro*. 2. ed. São Paulo: Atlas, 2016.

CAPPELLETTI, Mauro; GARTH, Bryant. *Acesso à Justiça*. Tradução de Ellen Gracie Northfleet. Porto Alegre: Fabris, 1988.

CARVALHO FILHO, Antônio; CARVALHO, Luciana Benassi Gomes. Recuperação judicial e o voluntarismo judicial. *Revista Brasileira de Direito Processual – RBDPro*. Belo Horizonte, ano 27, n. 106, p. 83-95, abr./jun. 2019.

CINTRA, Antônio Carlos de Araújo; GRINOVER, Ada Pellegrini; DINAMARCO, Cândido Rangel. *Teoria Geral do Processo*. 22. ed. São Paulo: Malheiros, 2006.

CUNHA, Leonardo Carneiro da. Justiça multiportas: mediação, conciliação e arbitragem no Brasil. *Revista ANNEP de Direito Processual*, v. 1, n. 1, jan./jun. 2020.

CUNHA, Leonardo Carneiro da. Procedimento especial para as ações de família no novo Código de Processo Civil. In: MACEDO, Lucas Buril; PEIXOTO, Ravi; FREIRE, Alexandre. (Orgs.) *Novo CPC – Doutrina Selecionada*: Procedimentos Especiais. Salvador: Juspodivm, p. 469-478, 2015.

DEUTSCH, Morton. A resolução do conflito. In: AZEVEDO, André Gomma de (org.). *Estudos em Arbitragem, Mediação e Negociação*. Tradução de Arthur Coimbra de Oliveira e revisão por Francisco Schertel Mendes. Brasília: Grupos de Pesquisa, v. 3, 2004.

DI SPIRITO, Marco Paulo Denucci. Hipóteses objetivas de dispensa da audiência de conciliação e mediação. *Empório do Direito* (on-line). 23/07/2016. Disponível em: https://emporiododireito.com.br/leitura/hipoteses-objetivas-de-dispensa-da-audiencia-de-conciliacao-e-mediacao. Acesso em: 11 fev. 2020.

DIDIER JR., Fredie. *Curso de direito processual civil*: introdução ao direito processual civil, parte geral e processo de conhecimento. 19. ed. Salvador: Jus Podivm, v. 1 2017.

DINAMARCO, Cândido Rangel; BADARÓ, Gustavo; LOPES, Bruno Vasconcelos. *Teoria Geral do Processo*. 33. ed. São Paulo: Malheiros, 2021.

FERRAZ JÚNIOR, Tércio Sampaio. *Introdução ao estudo do direito – Técnica*, decisão, dominação. São Paulo: Atlas, 1989.

FÓRUM NACIONAL DE MEDIAÇÃO E CONCILIAÇÃO (FONAMEC). Enunciados FONAMEC de 10/04/2015. Rio de Janeiro, v.1, n. 1, p. 407 - 418, maio 2017. Disponível em: https://www.emerj.tjrj.jus.br/revistas/fonamec/volumes/volumeI/revistafonamec_numero1volume1_407.pdf. Acesso em: 9 maio 2022.

GAJARDONI, Fernando da Fonseca; SOUZA, Maurício Bearzotti de. Os princípios da adequação, da adaptabilidade e da flexibilização procedimental pelo juiz no novo CPC. *Revista do Tribunal Superior do Trabalho*. Brasília, v. 82, nº 3, p. 165-187, 2016.

GARAPON, Antoine. *O juiz e a democracia*: o guardião das promessas. Tradução: Maria Luiza de Carvalho. Rio de Janeiro: Revan, 1999.

GEVARTOSKI, Hannah. A realização de audiência de mediação/conciliação *initio litis* no Novo Código de Processo Civil. *Revista de Processo*, v. 260, p. 415-437, out. 2016.

GOMES NETO, José Mário Wanderley. *O acesso à justiça em Mauro Cappelletti*: uma análise teórica desta concepção como "movimento" de transformação das estruturas do processo civil brasileiro. 2003. 84 p. Dissertação (Mestrado em Direito) – Universidade Federal de Pernambuco, Pernambuco, 2003. Disponível em: https://www.researchgate.net/publication/317007851_O_acesso_a_justica_em_Mauro_Cappelletti_analise_teorica_desta_concepcao_como_movimento_de_transformacao_das_estruturas_do_processo_civil_brasileiro. Acesso em: 22 ago. 2019.

GOMES NETO, José Mário Wanderley; ALVES, Catarina Bezerra. Criação das Centrais de conciliação, mediação e arbitragem em Pernambuco: uma análise de sua efetividade à luz do novo enfoque de Acesso à Justiça. *Revista de Processo*, v. 37, n. 211, p. 317-346, set. 2012.

GOMES NETO, José Mário Wanderley; BARBOSA, Luis Felipe Andrade; VIEIRA, Jorge Luiz Gonzaga. Explicando Decisões: as Aplicações da Análise por Regressão Logística (Logit) no Estudo do Comportamento Judicial. *Revista de Direito Público – RDU*, Porto Alegre, v. 15, n. 82, 2018, p. 214-231, jul./ago. 2018.

GORETTI, Ricardo. *Mediação e acesso à justiça*. Salvador: JusPodivm, 2016.

GOUVEIA, Lúcio Grassi de. Audiência de conciliação *versus* audiência preliminar: a opção pela primeira e as consequências da eliminação da segunda no projeto do Novo Código de Processo Civil brasileiro (NCPC). *Revista Brasileira de Direito Processual – RBDPro*. Belo Horizonte, a. 22, n. 85, p. 2537, jan./mar. 2014.

GOUVEIA, Lúcio Grassi de. O dever de fundamentação das decisões judiciais e o Novo Código de Processo Civil brasileiro. In: CARVALHO FILHO, Antonio; SAMPAIO JUNIOR, Herval. *Os Juízes e o Novo CPC*. Salvador: JusPodivm, p. 245-280, 2017.

GRAU, Eros Roberto. *Ensaio e discurso sobre a interpretação/aplicação do direito*. 5. ed. São Paulo: Malheiros, 2009.

KELSEN, Hans. *Teoria Pura do Direito*. 7. ed. São Paulo: Martins Fontes, 2006.

LEIPNITZ, Guinter. Pesquisa historiográfica e documental: diálogos entre História e Direito a partir de escrituras públicas de contratos. In: MACHADO, Maíra Rocha (Org.). *Pesquisar empiricamente o direito*. São Paulo: Rede de Estudos Empíricos em Direito, p. 225-248, 2017.

LEMES, Selma Ferreira. *Arbitragem em Números e Valores*. Seis Câmaras. 8 anos. Período de 2010 (jan./dez) a 2017 (jan./dez.) 2018, 6 p. Disponível em https://docplayer.com.br/114584722-Pesquisa-arbitragem-em-numeros-e-valores-seis-camaras-8-anos-periodo-de-2010-jan-dez-a-2017-jan-dez.html Acesso em: 28 nov. 2019.

LEMES, Selma Ferreira. *Arbitragem em Números e Valores*. Oito Câmaras. 2 anos Período de 2018 (jan./dez.) a 2019 (jan./dez.). 2020, 9p. Disponível em: http://selmalemes.adv.br/artigos/Analise-Pesquisa-ArbitragensNseValores-2020.pdf. Acesso em: 9 maio 2022.

LEVIN, Jack; FOX, James Alan; FORDE, David R. *Elementary Statistics in Social Research*. 12. ed. Upper Saddle River (EUA): Pearson, 2014.

LIMA, Alberto Jonathas Maia de. Panorama histórico-processual da arbitragem no direito brasileiro. In: COSTA, Eduardo José da Fonseca; ATAÍDE JR., Jaldemiro Rodrigues de; PIMENTEL, Alexandre Freire; COSTA FILHO, Venceslau Tavares (Orgs.). *História do Processo*. 1ed. São Paulo: Thoth, v. 1, p. 11-36, 2018.

LIMA, Evandro Souza e; PELAJO, Samantha. A mediação nas ações de família. In: ALMEIDA, Diogo Assumpção Rezende de; PANTOJA, Fernanda Medina; PELAJO, Samantha (org.). *A mediação no novo Código de Processo Civil*. 2. ed. Rio de Janeiro: Forense, 2016, p. 223-244.

LIPIANI, Júlia; SIQUEIRA, Marília. Negócios jurídicos processuais sobre mediação e conciliação. In: ZANETI JR., Hermes; CABRAL, Trícia Navarro Xavier. *Justiça Multiportas*: mediação, conciliação, arbitragem e outros meios de solução adequada para conflitos. Salvador: JusPodivm, 2016. p. 141-167.

MACEDO, Elaine Harzheim; DAMASCENO, Marina. O Acesso à Justiça e a quarta parede: a audiência do artigo 334 do CPC de 2015 como estratégia democrática? *Revista Cidadania e Acesso à Justiça*. Brasília, v. 1, n. 2, p. 1025-1047, jan./jun. 2016.

MARCATO, Ana Cândida Menezes. A audiência do art. 334 do Código de Processo Civil: da afronta à voluntariedade às primeiras experiências práticas. In: ZANETI JR., Hermes; CABRAL, Trícia Navarro Xavier. (org.) *Justiça Multiportas*: mediação, conciliação, arbitragem e outros meios de solução adequada para conflitos. Salvador: Juspodivm, p. 129-139, 2016.

MARCONI, Marina de Andrade; LAKATOS, Eva Maria. *Fundamentos de metodologia científica*. 5. ed. São Paulo: Atlas, 2003.

MAZZOLA, Marcelo. Dever de comprometimento do juiz e a audiência de mediação do art. 334 do NCPC. Críticas aos dribles hermenêuticos e à sua designação aleatória. *Revista de Processo*, v. 276, a. 43, p. 125-150, fev. 2018.

MAZZOLA, Marcelo. Dispensa da audiência de conciliação/mediação: seis dribles e dois gols. *Revista FONAMEC*. Rio de Janeiro, v.1, n. 1, p. 253-262, mai. 2017.

MEIRELLES, Delton R. S. Meios alternativos de resolução de conflitos: Justiça coexistencial ou eficiência administrativa? *Revista Eletrônica de Direito Processual – REDP*, v. 1., n. 1, p. 70-85, out./dez 2007.

MENDES, Aluisio Gonçalves de Castro; HARTMANN, Guilherme Kronemberg. A Audiência de Conciliação ou de Mediação no Novo Código de Processo Civil. *Revista de Processo*, v. 253, p. 163-184, mar. 2016.

MERCADO LIVRE. *Termos e condições gerais de uso do site*. Disponível em: https://www.mercadolivre.com.br/ajuda/Termos-e-condicoes-gerais-de-uso_1409. Acesso em: 1 ago. 2019.

MINAS GERAIS, Tribunal de Justiça de Minas Gerais, Vigésima Câmara Cível. *Apelação Cível nº 1.0000.20.006848-4/001*. Relator Desembargador Fernando Lins. Julgado em 19 ago. 2020, publicado em 20 ago. 2020.

MORAES, Paulo Valério Dal Pai. Novo Código de Processo Civil – O Ministério Público e os Métodos Autocompositivos de Conflito – Negociação, Mediação e Conciliação. In: ZANETI JR., Hermes; CABRAL, Trícia Navarro Xavier. *Justiça Multiportas*: mediação, conciliação, arbitragem e outros meios de solução adequada para conflitos. Salvador: Juspodivm, 2016. p. 253-273.

MOREIRA, José Carlos Barbosa. O futuro da justiça: alguns mitos. *Revista da Academia Brasileira de Letras Jurídicas*. Rio de Janeiro: Academia Brasileira de Letras Jurídicas, v. 15, n. 17, p. 153–164, 1. sem., 2000.

NERY JUNIOR, Nelson; NERY, Rosa Maria de Andrade. *Comentários ao código de processo civil*. São Paulo: Revista dos Tribunais, 2015.

NIEVA-FENOLL, Jordi. Mediação: uma "alternativa" razoável ao processo judicial? *Revista Eletrônica de Direito Processual – REDP*, a. 8, v. 14, p. 213-228, jul./dez. 2014.

ORDEM DOS ADVOGADOS DO BRASIL (OAB). Resolução nº 20/2015. Aprova o Código de Ética e Disciplina da Ordem dos Advogados do Brasil – OAB. Brasília, 2015.

PACHECO, José da Silva. *Evolução do processo civil brasileiro*: desde as origens até o advento do novo milênio. 2. ed. Rio de Janeiro: Renovar, 1999.

PAEZ, Paulina, *et al.* (GT Arbitragem). Glossário: métodos de resolução de disputas – RDS. In: AZEVEDO, André Gomma de (org.). *Estudos em Arbitragem, Mediação e Negociação*. v. 3. Brasília: Grupos de Pesquisa, 2004.

PALETTA, Mag Carvalho. *Audiência de conciliação nos Juizados Especiais Cíveis cariocas*: obstáculo ou solução? 2011. 153 f. Dissertação (Mestrado) — Curso de Direito, Fundação Getúlio Vargas, Rio de Janeiro, 2011.

PAULA FILHO, Alexandre de. Cláusula de mediação ou negociação obrigatória nos contratos de consumo: violação ao Acesso à Justiça? *Revista de Processo*, v. 315, p. 421-442, mai. 2021.

PAULA FILHO, Alexandre de; PEREIRA, Mateus Costa. Obrigatoriedade, (in) constitucionalidade e inocuidade da audiência do art. 334, CPC. *Empório do Direito* (on-line). 01 jun. 2020. Disponível em: bit.ly/garantismo64. Acesso em: 19 jun. 2020.

PEIXOTO, Ravi. Os "Princípios" da Mediação e da Conciliação: uma Análise da Res. 125/2010 do CNJ, do CPC/2015 e da Lei 13.140/2015. In: ZANETI JR., Hermes; CABRAL, Trícia Navarro Xavier. *Justiça Multiportas*: mediação, conciliação, arbitragem e outros meios de solução adequada para conflitos. Salvador: JusPodivm, 2016. p. 91-108.

PERNAMBUCO, Tribunal de Justiça do Estado de Pernambuco. 3ª Câmara Cível. *Apelação Cível nº 5089432*. Relator Bartolomeu Bueno. Julg. 08 ago. 2019. Publicado: 18 set. 2019. 2019-A.

PERNAMBUCO, Tribunal de Justiça do Estado de Pernambuco. *Produtividade de Conciliadores e Mediadores* – Sintético. Período: 01/09/2017 até 29/09/2017. TJPE (sítio oficial). Publicado em 03/10/2017. 2017-A. Disponível em: http://www.tjpe.jus.br/documents/88944/0/-/1074f6b0-ee07-175c-343f-825b3376e3aa. Acesso em: 26 dez. 2019.

PERNAMBUCO, Tribunal de Justiça do Estado de Pernambuco. *Produtividade Mensal* - Centros Judiciários de Solução de Conflitos e Cidadania – CEJUSCs. TJPE (sítio oficial). 2020. Disponível em: https://www.tjpe.jus.br/web/resolucao-de-conflitos/produtividade. Acesso em: 24 abr. 2020.

PERNAMBUCO, Tribunal de Justiça do Estado de Pernambuco. *XIX Mutirão DPVAT busca agilizar recebimento de seguro com conciliação*. TJPE (sítio oficial). Publicado em 24/04/2017. 2017-B. Disponível em: https://bit.ly/39A4uGL. Acesso em: 2 jan. 2020.

PERNAMBUCO, Tribunal Regional Federal da 5ª Região. *Estatística dos Centros de Conciliação da 5ª Região – Ano 2019* (CEJUSC/Recife). 2019-B. Disponível em: https://www.trf5.jus.br/index.php?option=com_phocadownload&view=category&download=9557:est atistica-mensal-do-cejusc-recife-pe-18092019&id=190:conciliacao. Acesso em: 5 jan. 2020.

PIERANTI, Octavio Penna. A metodologia historiográfica na pesquisa em administração: uma discussão acerca de princípios e sua aplicabilidade no Brasil contemporâneo. *Cadernos EBAPE.BR* (FGV), v. 6, n. 5, mar. 2008.

PINHO, Humberto Dalla Bernardina de; ALVES, Tatiana Machado. A relevância da negociação com princípios na discussão das cláusulas de convenção processual: aplicação concreta dos postulados da advocacia colaborativa. *Revista de Processo*. São Paulo: Revista dos Tribunais, v. 258, p. 123-152, ago./2016.

PINHO, Humberto Dalla Bernardina; PAUMGARTTEN, Michele. Mediación obligatoria: una versión moderna del autoritarismo procesal. Revista Eletrônica de Direito Processual - REDP, a. 6, v. 10, p. 201-225, jul./dez. 2012.POLLONI, Juliana. A necessária mudança de paradigma sobre a experiência do consumidor na resolução de conflitos para fidelização da clientela. In: RODAS; SOUZA; POLLONI; SILVA e DIAS (coords.). *Visão Multidisciplinar das Soluções de Conflitos no Brasil*. Curitiba: Editora Prismas, p. 87-98, 2018.

PORTUGAL. *Ordenações Manuelinas*. Coimbra: Na Real Imprensa da Universidade, 1797. Disponível em: https://bd.camara.leg.br/bd/handle/bdcamara/17841. Acesso em: 9 mai. 2022.

PORTUGAL. *Codigo Philippino, ou, Ordenações e leis do Reino de Portugal*: recopiladas por mandado d'El-Rey D. Philippe I. Rio de Janeiro: Typ. do Instituto Philomathico, 1870. Disponível em: https://www2.senado.leg.br/bdsf/item/id/242733. Acesso em: 9 maio 2022.

RABELO, Patrícia Freire; NUNES, Soraya Vieira. A mediação como forma de resolução de conflitos: uma análise crítica do CPC/15 à luz da Lei 13.140/2015. In: CORTEZ, Renata; SOUSA, Rosalina Freitas; ANDRADE, Sabrina Dourado (coord.). *Temas relevantes de Direito Processual Civil*: elas escrevem. Recife: Armador. 2016. p. 31-44.

REDONDO, Bruno Garcia. Conciliação e mediação. In: ALVIM, Teresa Arruda (coord.). *CPC em foco – temas essenciais e sua receptividade*: dois anos de vigência do novo CPC. 2. ed., São Paulo: Thomson Reuters, 2018.

RIBEIRO, Isabela Lessa de Azevedo. O Princípio da Inafastabilidade e sua ressignificação enquanto norma fundamental processual na Lei nº 13.105/15. In: CORTEZ, Renata; SOUSA, Rosalina Freitas; ANDRADE, Sabrina Dourado (coord.). *Temas relevantes de Direito Processual Civil*: elas escrevem. Recife: Armador, 2016. p. 15-30.

SANDER, Frank. Diálogo entre os professores Frank Sander e Mariana Hernandez Crespo: explorando a evolução do Tribunal Multiportas. In: ALMEIDA, Rafael Alves de; ALMEIDA, Tania; CRESPO, Mariana Hernandez (orgs.). *Tribunal Multiportas*: investindo no capital social para maximizar o sistema de solução de conflitos no Brasil. Trad.: organizadores. Rio de Janeiro: Editora FGV, 2012.

SANTOS, Pedro Henrique Amaducci Fernandes dos; MUNIZ, Tania Lobo. A audiência de mediação do artigo 334 do Código de Processo Civil como afronta ao princípio da autonomia da vontade e o procedimento da pré-mediação. In: GIMENEZ, Charlise Paula Colet; MACHADO, Edinilson Donisete. *Formas consensuais de conflito I*. Anais do XXVI Congresso Nacional do CONPEDI. Florianópolis: CONPEDI, p. 119-137, 2017.

SCHMIDT, Marcelo Winch; CAMPOS, Marcelo Vieira. Formas adequadas de solução de conflitos e os desafios da Advocacia. In: RODAS; SOUZA; POLLONI; SILVA; DIAS (coords.). *Visão Multidisciplinar das Soluções de Conflitos no Brasil*. Curitiba: Editora Prismas, 2018. p. 281-289.

SILVA, Caroline Pessano Husek; SPENGLER, Fabiana Marion; DURANTE, Ismael Saenger. A conciliação como alternativa à jurisdição estatal na busca por uma justiça efetiva e célere. In: SPENGLER, Fabiana Marion; SPENGLER NETO, Theobaldo (orgs.). *Do conflito à solução adequada*: mediação, conciliação, negociação, jurisdição & arbitragem [recurso eletrônico]. Santa Cruz do Sul: Essere nel Mondo, 2015.

SILVA, Jaqueline Mielke; XAVIER, José Tadeu Neves. Primeiras reflexões sobre o sistema de Justiça Multiportas e a tutela dos direitos coletivos. In: MACEDO, Elaine; DAMASCENO, Marina. (orgs.). *Sistema multiportas e métodos integrados de resolução de conflitos*. Porto Alegre: EDIPCURS, 2018. p. 173-196.

SIQUEIRA, Ricardo Lagreca, CHIESI FILHO, Humberto. O empoderamento do usuário da internet e o desestímulo à judicialização. In: RODAS; SOUZA; POLLONI; SILVA e DIAS (coords.). *Visão Multidisciplinar das Soluções de Conflitos no Brasil*. Curitiba: Editora Prismas, 2018. p. 457-478.

SOUZA, Aline Anhezini; NICOLAU, Rafael Machado Viviani. *On-line dispute resolution* (ODR) é uma inovação disruptiva? In: RODAS; SOUZA; POLLONI; SILVA e DIAS (coords.). *Visão Multidisciplinar das Soluções de Conflitos no Brasil*. Curitiba: Editora Prismas, 2018. p. 495-504.

SPENGLER, Fabiana Marion; SPENGLER NETO, Theobaldo. A (des)institucionalização da mediação pelo Poder Judiciário brasileiro. *Revista Eletrônica de Direito Processual – REDP*, v. 19, n. 3, set./dez. 2018.

STRECK, Lenio Luiz. Uma ADC contra a decisão no HC 126.292 — sinuca de bico para o STF! *Consultor Jurídico*: 29 fev. 2016. Disponível em: https://www.conjur.com.br/2016-fev-29/streck-adc-decisao-hc-126292-sinuca-stf. Acesso em: 11 dez. 2019.

TARTUCE, Fernanda. Mediação, autonomia e audiência inicial nas ações de família regidas pelo Novo Código de Processo Civil. In: EHRHARDT JR., Marcos (org.). *Impactos do novo CPC e do EPD no Direito Civil Brasileiro*. Belo Horizonte: Fórum, v. 1, p. 77-91. 2016.

TARTUCE, Fernanda. *Mediação nos conflitos civis*. 4. ed. Rio de Janeiro: Forense; São Paulo: Método: 2018.

TARTUCE, Flávio; NEVES, Daniel Amorim Assumpção. *Manual de direito do consumidor:* direito material e processual. Recurso Eletrônico. 5. ed. Rio de Janeiro: Forense; São Paulo: Método, 2016.

THEODORO JR, Humberto. *Curso de Direito Processual Civil* – Teoria geral do direito processual civil e processo de conhecimento. 56. ed., Rio de Janeiro: Forense, v. 1, 2015.

THEODORO JR, Humberto; NUNES, Dierle; FRANCO, Alexandre Melo; PEDRON, Flávio Quinaud. *Novo CPC* – Fundamentos e sistematização. Recurso Eletrônico. Rio de Janeiro: Forense, 2015.

VASCONCELOS, Carlos Eduardo de. *Mediação de conflitos e práticas restaurativas*. 4. ed. Rio de Janeiro: Forense; São Paulo: Método, 2015.

VENTURI, Elton. Transação de direitos indisponíveis? In: ZANETI JR., Hermes; CABRAL, Trícia Navarro Xavier. *Justiça Multiportas*: mediação, conciliação, arbitragem e outros meios de solução adequada para conflitos. Salvador: Juspodivm, p. 405-429 2016.

WAMBIER, Luiz Rodrigues; TALAMINI, Eduardo. *Curso avançado de processo civil*: teoria geral do processo. 5. ed. e-book baseado na 16. ed. impressa, São Paulo: Revista dos Tribunais, v. 1, 2016.

WAQUIM, Bruna Barbieri; SUXBERGER, Antonio Henrique Graciano. A institucionalização da mediação no Brasil e o protagonismo do Poder Judiciário. *Civilistica.com*. Rio de Janeiro, a. 7, n. 2, 2018. Disponível em: <http://civilistica.com/a-institucionalizacao-da-mediacao-no-brasil/>. Acesso em: 14 mai. 2019.

APÊNDICE 1

Neste apêndice, temos a lista do número de processos em cada vara no corte temporal feito (18.03.2017 a 18.03.2019) da classe "procedimento comum cível" apontada no sistema PJe do Tribunal de Justiça de Pernambuco. Ao lado, indicamos o resultado do sorteio feito para dividir aleatoriamente quais dessas varas terão cinco ou seis processos analisados na amostra.

(continua)

Vara	Total de processos	Resultado do sorteio
1ª	468	6
2ª	475	6
3ª	424	6
4ª	464	6
5ª	456	5
6ª	434	5
7ª	498	5
8ª	469	6
9ª	441	6
10ª	476	6
11ª	451	5
12ª	471	6
13ª	520	5
14ª	470	5
15ª	470	6
16ª	483	5
17ª	498	6
18ª	447	6
19ª	470	5

(continua)

Vara	Total de processos	Resultado do sorteio
20ª	472	6
21ª	464	6
22ª	486	6
23ª	453	6
24ª	414	6
25ª	458	6
26ª	452	5
27ª	494	6
28ª	450	5
29ª	471	5
30ª	448	6
31ª	468	6
32ª	462	6
33ª	463	6
34ª	430	6
1B	490	6
2B	449	6
3B	446	5
4B	467	6
5B	466	6
6B	462	6
7B	476	5
8B	477	5
9B	454	6
10B	461	5
11B	465	6
12B	459	6
13B	547	6

(conclusão)

Vara	Total de processos	Resultado do sorteio
14B	447	6
15B	448	5
16B	456	5
17B	496	5
18B	457	6
19B	435	5
20B	478	5
21B	463	5
22B	483	6
23B	472	6
24B	462	6
25B	487	5
26B	441	5
27B	486	5
28B	451	5
29B	515	5
30B	493	5
31B	432	6
32B	440	5
33B	465	6
34B	484	6
Total	**31680**	**380**

APÊNDICE 2

Amostra da pesquisa – lista de processos consultados[70]

1. 0002399-04.2019.8.17.2001
2. 0000742-27.2019.8.17.2001
3. 0022098-15.2018.8.17.2001
4. 0053117-73.2017.8.17.2001
5. 0037813-34.2017.8.17.2001
6. 0022124-47.2017.8.17.2001
7. 0015495-86.2019.8.17.2001
8. 0041551-93.2018.8.17.2001
9. 0026363-60.2018.8.17.2001
10. 0027978-85.2018.8.17.2001
11. 0041668-21.2017.8.17.2001
12. 0027080-09.2017.8.17.2001
13. 0006321-53.2019.8.17.2001
14. 0000434-88.2019.8.17.2001
15. 0055721-70.2018.8.17.2001
16. 0047814-44.2018.8.17.2001
17. 0019964-15.2018.8.17.2001
18. 0014662-39.2017.8.17.2001
19. 0013792-23.2019.8.17.2001
20. 0049274-66.2018.8.17.2001
21. 0033474-95.2018.8.17.2001
22. 0076641-02.2017.8.17.2001
23. 0043337-12.2017.8.17.2001
24. 0033725-16.2018.8.17.2001
25. 0032958-75.2018.8.17.2001
26. 0003533-03.2018.8.17.2001

---

[70] A partir do processo nº 381, temos os processos que substituíram os que versam sobre DPVAT para formar a segunda amostra.

27. 0042485-85.2017.8.17.2001
28. 0027519-20.2017.8.17.2001
29. 0023662-63.2017.8.17.2001
30. 0054584-53.2018.8.17.2001
31. 0044234-06.2018.8.17.2001
32. 0077776-49.2017.8.17.2001
33. 0039979-39.2017.8.17.2001
34. 0024443-85.2017.8.17.2001
35. 0048166-02.2018.8.17.2001
36. 0047582-32.2018.8.17.2001
37. 0036297-42.2018.8.17.2001
38. 0026203-35.2018.8.17.2001
39. 0044314-04.2017.8.17.2001
40. 0051413-88.2018.8.17.2001
41. 0045718-56.2018.8.17.2001
42. 0040713-53.2018.8.17.2001
43. 0015939-56.2018.8.17.2001
44. 0039130-33.2018.8.17.2001
45. 0091028-85.2018.8.17.2001
46. 0036902-85.2018.8.17.2001
47. 0033040-09.2018.8.17.2001
48. 0065044-36.2017.8.17.2001
49. 0063545-17.2017.8.17.2001
50. 0016885-62.2017.8.17.2001
51. 0011120-42.2019.8.17.2001
52. 0054034-58.2018.8.17.2001
53. 0042789-50.2018.8.17.2001
54. 0039643-98.2018.8.17.2001
55. 0018256-27.2018.8.17.2001
56. 0074262-88.2017.8.17.2001
57. 0016199-02.2019.8.17.2001
58. 0060497-16.2018.8.17.2001

59. 0056536-67.2018.8.17.2001
60. 0042478-93.2017.8.17.2001
61. 0044443-09.2017.8.17.2001
62. 0049463-44.2018.8.17.2001
63. 0056327-98.2018.8.17.2001
64. 0055814-33.2018.8.17.2001
65. 0049455-67.2018.8.17.2001
66. 0040571-49.2018.8.17.2001
67. 0020477-80.2018.8.17.2001
68. 0138700-89.2018.8.17.2001
69. 0016076-38.2018.8.17.2001
70. 0013943-23.2018.8.17.2001
71. 0010079-74.2018.8.17.2001
72. 0009203-22.2018.8.17.2001
73. 0073980-50.2017.8.17.2001
74. 0016079-27.2017.8.17.2001
75. 0041267-22.2017.8.17.2001
76. 0036618-77.2018.8.17.2001
77. 0057378-47.2018.8.17.2001
78. 0135111-89.2018.8.17.2001
79. 0014407-13.2019.8.17.2001
80. 0048272-61.2018.8.17.2001
81. 0046978-71.2018.8.17.2001
82. 0074875-11.2017.8.17.2001
83. 0061748-06.2017.8.17.2001
84. 0039035-37.2017.8.17.2001
85. 0016167-94.2019.8.17.2001
86. 0043994-17.2018.8.17.2001
87. 0020144-31.2018.8.17.2001
88. 0070299-72.2017.8.17.2001
89. 0046628-20.2017.8.17.2001
90. 0044479-17.2018.8.17.2001

91. 0040185-19.2018.8.17.2001
92. 0021869-55.2018.8.17.2001
93. 0013603-79.2018.8.17.2001
94. 0013520-63.2018.8.17.2001
95. 0023218-30.2017.8.17.2001
96. 0052269-52.2018.8.17.2001
97. 0027814-23.2018.8.17.2001
98. 0001572-27.2018.8.17.2001
99. 0009371-24.2018.8.17.2001
100. 0074932-29.2017.8.17.2001
101. 0062785-68.2017.8.17.2001
102. 0005336-84.2019.8.17.2001
103. 0023005-87.2018.8.17.2001
104. 0005802-15.2018.8.17.2001
105. 0016462-05.2017.8.17.2001
106. 0013089-63.2017.8.17.2001
107. 0014329-19.2019.8.17.2001
108. 0062432-91.2018.8.17.2001
109. 0051178-24.2018.8.17.2001
110. 0034331-78.2017.8.17.2001
111. 0023814-14.2017.8.17.2001
112. 0018369-15.2017.8.17.2001
113. 0006503-39.2019.8.17.2001
114. 0091329-32.2018.8.17.2001
115. 0025650-85.2018.8.17.2001
116. 0077289-79.2017.8.17.2001
117. 0039600-98.2017.8.17.2001
118. 0022746-29.2017.8.17.2001
119. 0016471-93.2019.8.17.2001
120. 0060683-39.2018.8.17.2001
121. 0037489-10.2018.8.17.2001
122. 0037747-20.2018.8.17.2001

123. 0030798-77.2018.8.17.2001
124. 0034079-75.2017.8.17.2001
125. 0006865-75.2018.8.17.2001
126. 0006634-48.2018.8.17.2001
127. 0005572-70.2018.8.17.2001
128. 0072973-23.2017.8.17.2001
129. 0068386-55.2017.8.17.2001
130. 0048978-78.2017.8.17.2001
131. 0056567-87.2018.8.17.2001
132. 0054668-54.2018.8.17.2001
133. 0048776-67.2018.8.17.2001
134. 0043935-29.2018.8.17.2001
135. 0008892-31.2018.8.17.0001
136. 0020646-04.2017.8.17.2001
137. 0029791-50.2018.8.17.2001
138. 0016521-56.2018.8.17.2001
139. 0010896-41.2018.8.17.2001
140. 0000027-19.2018.8.17.2001
141. 0070201-87.2017.8.17.2001
142. 0062087-62.2017.8.17.2001
143. 0005007-72.2019.8.17.2001
144. 0026564-52.2018.8.17.2001
145. 0026182-59.2018.8.17.2001
146. 0032766-79.2017.8.17.2001
147. 0066434-41.2017.8.17.2001
148. 0045470-90.2018.8.17.2001
149. 0040383-56.2018.8.17.2001
150. 0038480-83.2018.8.17.2001
151. 0035015-66.2018.8.17.2001
152. 0003566-90.2018.8.17.2001
153. 0052579-58.2018.8.17.2001
154. 0003136-07.2019.8.17.2001

155. 0034065-57.2018.8.17.2001
156. 0016685-21.2018.8.17.2001
157. 0047479-59.2017.8.17.2001
158. 0043103-30.2017.8.17.2001
159. 0048782-74.2018.8.17.2001
160. 0044575-32.2018.8.17.2001
161. 0031301-98.2018.8.17.2001
162. 0066556-54.2017.8.17.2001
163. 0031406-12.2017.8.17.2001
164. 0015138-09.2019.8.17.2001
165. 0137567-12.2018.8.17.2001
166. 0128234-36.2018.8.17.2001
167. 0040988-02.2018.8.17.2001
168. 0043780-60.2017.8.17.2001
169. 0029062-58.2017.8.17.2001
170. 0089707-15.2018.8.17.2001
171. 0061269-76.2018.8.17.2001
172. 0053845-80.2018.8.17.2001
173. 0023854-59.2018.8.17.2001
174. 0026779-28.2018.8.17.2001
175. 0065729-43.2017.8.17.2001
176. 0098213-77.2018.8.17.2001
177. 0075089-65.2018.8.17.2001
178. 0045442-25.2018.8.17.2001
179. 0036058-38.2018.8.17.2001
180. 0050871-07.2017.8.17.2001
181. 0032427-23.2017.8.17.2001
182. 0036051-46.2018.8.17.2001
183. 0021498-91.2018.8.17.2001
184. 0040216-73.2017.8.17.2001
185. 0037729-33.2017.8.17.2001
186. 0032047-97.2017.8.17.2001

187. 0029098-03.2017.8.17.2001
188. 0048261-32.2018.8.17.2001
189. 0038346-56.2018.8.17.2001
190. 0034509-90.2018.8.17.2001
191. 0016612-49.2018.8.17.2001
192. 0075478-84.2017.8.17.2001
193. 0068095-55.2017.8.17.2001
194. 0011017-35.2019.8.17.2001
195. 0045884-88.2018.8.17.2001
196. 0045618-04.2018.8.17.2001
197. 0010402-79.2018.8.17.2001
198. 0073000-06.2017.8.17.2001
199. 0028300-42.2017.8.17.2001
200. 0136990-34.2018.8.17.2001
201. 0051117-66.2018.8.17.2001
202. 0044818-73.2018.8.17.2001
203. 0027483-41.2018.8.17.2001
204. 0022319-95.2018.8.17.2001
205. 0010768-21.2018.8.17.2001
206. 0016271-86.2019.8.17.2001
207. 0038862-76.2018.8.17.2001
208. 0028714-06.2018.8.17.2001
209. 0015343-72.2018.8.17.2001
210. 0023980-46.2017.8.17.2001
211. 0017431-49.2019.8.17.2001
212. 0128005-76.2018.8.17.2001
213. 0023900-48.2018.8.17.2001
214. 0022446-33.2018.8.17.2001
215. 0026344-88.2017.8.17.2001
216. 0040591-74.2017.8.17.2001
217. 0016409-53.2019.8.17.2001
218. 0016404-31.2019.8.17.2001

219. 0029234-63.2018.8.17.2001
220. 0071285-26.2017.8.17.2001
221. 0042239-89.2017.8.17.2001
222. 0016788-62.2017.8.17.2001
223. 0038081-54.2018.8.17.2001
224. 0029586-21.2018.8.17.2001
225. 0026700-49.2018.8.17.2001
226. 0013629-77.2018.8.17.2001
227. 0001118-47.2018.8.17.2001
228. 0070813-25.2017.8.17.2001
229. 0025338-12.2018.8.17.2001
230. 0037267-76.2017.8.17.2001
231. 0034717-11.2017.8.17.2001
232. 0034194-96.2017.8.17.2001
233. 0021689-73.2017.8.17.2001
234. 0135330-05.2018.8.17.2001
235. 0018026-82.2018.8.17.2001
236. 0014682-93.2018.8.17.2001
237. 0034789-95.2017.8.17.2001
238. 0034387-14.2017.8.17.2001
239. 0052671-36.2018.8.17.2001
240. 0042535-77.2018.8.17.2001
241. 0065983-16.2017.8.17.2001
242. 0046393-53.2017.8.17.2001
243. 0045405-32.2017.8.17.2001
244. 0041155-53.2017.8.17.2001
245. 0013835-57.2019.8.17.2001
246. 0037254-43.2018.8.17.2001
247. 0075107-23.2017.8.17.2001
248. 0032901-91.2017.8.17.2001
249. 0024810-12.2017.8.17.2001
250. 0050148-51.2018.8.17.2001

251. 0039224-78.2018.8.17.2001
252. 0038041-72.2018.8.17.2001
253. 0018521-29.2018.8.17.2001
254. 0071895-91.2017.8.17.2001
255. 0071666-34.2017.8.17.2001
256. 0017575-23.2019.8.17.2001
257. 0015867-35.2019.8.17.2001
258. 0011942-31.2019.8.17.2001
259. 0028653-48.2018.8.17.2001
260. 0031221-71.2017.8.17.2001
261. 0029042-67.2017.8.17.2001
262. 0050555-57.2018.8.17.2001
263. 0039167-60.2018.8.17.2001
264. 0022870-75.2018.8.17.2001
265. 0022107-74.2018.8.17.2001
266. 0074419-61.2017.8.17.2001
267. 0065355-27.2017.8.17.2001
268. 0054507-44.2018.8.17.2001
269. 0041857-62.2018.8.17.2001
270. 0034706-45.2018.8.17.2001
271. 0018956-03.2018.8.17.2001
272. 0008519-97.2018.8.17.2001
273. 0016276-79.2017.8.17.2001
274. 0037160-95.2018.8.17.2001
275. 0008623-89.2018.8.17.2001
276. 0077794-70.2017.8.17.2001
277. 0076619-41.2017.8.17.2001
278. 0064075-21.2017.8.17.2001
279. 0015423-02.2019.8.17.2001
280. 0047192-62.2018.8.17.2001
281. 0000177-97.2018.8.17.2001
282. 0035709-69.2017.8.17.2001

283. 0018360-53.2017.8.17.2001
284. 0049334-39.2018.8.17.2001
285. 0020080-21.2018.8.17.2001
286. 0015914-43.2018.8.17.2001
287. 0003868-22.2018.8.17.2001
288. 0020165-41.2017.8.17.2001
289. 0047951-26.2018.8.17.2001
290. 0041066-93.2018.8.17.2001
291. 0050004-14.2017.8.17.2001
292. 0036167-16.2017.8.17.2001
293. 0034609-79.2017.8.17.2001
294. 0023346-50.2017.8.17.2001
295. 0052391-02.2017.8.17.2001
296. 0047210-20.2017.8.17.2001
297. 0029261-80.2017.8.17.2001
298. 0022553-14.2017.8.17.2001
299. 0015980-57.2017.8.17.2001
300. 0049513-70.2018.8.17.2001
301. 0007493-64.2018.8.17.2001
302. 0043800-51.2017.8.17.2001
303. 0033262-11.2017.8.17.2001
304. 0021459-31.2017.8.17.2001
305. 0014150-85.2019.8.17.2001
306. 0031527-06.2018.8.17.2001
307. 0009944-62.2018.8.17.2001
308. 0002075-48.2018.8.17.2001
309. 0048652-21.2017.8.17.2001
310. 0061138-04.2018.8.17.2001
311. 0042345-17.2018.8.17.2001
312. 0001498-70.2018.8.17.2001
313. 0000394-43.2018.8.17.2001
314. 0053330-79.2017.8.17.2001

315. 0051276-43.2017.8.17.2001
316. 0094173-52.2018.8.17.2001
317. 0036511-33.2018.8.17.2001
318. 0022469-76.2018.8.17.2001
319. 0069480-38.2017.8.17.2001
320. 0041987-86.2017.8.17.2001
321. 0034598-50.2017.8.17.2001
322. 0014135-19.2019.8.17.2001
323. 0013443-20.2019.8.17.2001
324. 0029241-55.2018.8.17.2001
325. 0028502-82.2018.8.17.2001
326. 0076483-44.2017.8.17.2001
327. 0024225-57.2017.8.17.2001
328. 0138863-69.2018.8.17.2001
329. 0095006-70.2018.8.17.2001
330. 0091311-11.2018.8.17.2001
331. 0024118-13.2017.8.17.2001
332. 0019664-87.2017.8.17.2001
333. 0052379-51.2018.8.17.2001
334. 0050227-30.2018.8.17.2001
335. 0037541-06.2018.8.17.2001
336. 0077555-66.2017.8.17.2001
337. 0035538-15.2017.8.17.2001
338. 0015788-56.2019.8.17.2001
339. 0011081-45.2019.8.17.2001
340. 0048984-51.2018.8.17.2001
341. 0064753-36.2017.8.17.2001
342. 0039831-28.2017.8.17.2001
343. 0013148-80.2019.8.17.2001
344. 0053719-30.2018.8.17.2001
345. 0033654-14.2018.8.17.2001
346. 0066538-33.2017.8.17.2001

347. 0048859-20.2017.8.17.2001
348. 0047170-04.2018.8.17.2001
349. 0044519-96.2018.8.17.2001
350. 0005576-10.2018.8.17.2001
351. 0039328-07.2017.8.17.2001
352. 0014154-93.2017.8.17.2001
353. 0010332-62.2018.8.17.2001
354. 0009342-71.2018.8.17.2001
355. 0067004-27.2017.8.17.2001
356. 0038439-53.2017.8.17.2001
357. 0033174-70.2017.8.17.2001
358. 0054717-95.2018.8.17.2001
359. 0050717-52.2018.8.17.2001
360. 0046032-02.2016.8.17.2001
361. 0023151-31.2018.8.17.2001
362. 0021952-71.2018.8.17.2001
363. 0043132-80.2017.8.17.2001
364. 0017254-85.2019.8.17.2001
365. 0106281-16.2018.8.17.2001
366. 0055431-55.2018.8.17.2001
367. 0071880-25.2017.8.17.2001
368. 0027640-48.2017.8.17.2001
369. 0041734-64.2018.8.17.2001
370. 0010247-76.2018.8.17.2001
371. 0063101-81.2017.8.17.2001
372. 0039118-53.2017.8.17.2001
373. 0027569-46.2017.8.17.2001
374. 0015039-10.2017.8.17.2001
375. 0016278-78.2019.8.17.2001
376. 0026505-64.2018.8.17.2001
377. 0075216-37.2017.8.17.2001
378. 0048856-65.2017.8.17.2001

379. 0047489-06.2017.8.17.2001
380. 0012943-22.2017.8.17.2001
381. 0016826-40.2018.8.17.2001
382. 0030388-19.2018.8.17.2001
383. 0040175-09.2017.8.17.2001
384. 0029324-08.2017.8.17.2001
385. 0028197-35.2017.8.17.2001
386. 0016013-13.2018.8.17.2001
387. 0043212-10.2018.8.17.2001
388. 0011029-83.2018.8.17.2001
389. 0045798-20.2018.8.17.2001
390. 0007814-02.2018.8.17.2001
391. 0023986-19.2018.8.17.2001
392. 0010195-80.2018.8.17.2001
393. 0025583-57.2017.8.17.2001
394. 0089171-04.2018.8.17.2001
395. 0029500-84.2017.8.17.2001
396. 0038925-04.2018.8.17.2001
397. 0009011-89.2018.8.17.2001
398. 0048146-11.2018.8.17.2001
399. 0037607-20.2017.8.17.2001
400. 0084656-23.2018.8.17.2001
401. 0036509-63.2018.8.17.2001
402. 0013654-27.2017.8.17.2001
403. 0043995-02.2018.8.17.2001
404. 0004560-21.2018.8.17.2001
405. 0000537-32.2018.8.17.2001
406. 0017603-88.2019.8.17.2001
407. 0034008-73.2017.8.17.2001
408. 0016434-03.2018.8.17.2001
409. 0000263-68.2018.8.17.2001
410. 0011820-52.2018.8.17.2001

411. 0015438-68.2019.8.17.2001
412. 0034859-15.2017.8.17.2001
413. 0016212-35.2018.8.17.2001
414. 0038449-97.2017.8.17.2001
415. 0017296-08.2017.8.17.2001
416. 0018343-17.2017.8.17.2001
417. 0106005-82.2018.8.17.2001
418. 0022863-83.2018.8.17.2001
419. 0102061-72.2018.8.17.2001
420. 0050379-78.2018.8.17.2001
421. 0016762-30.2018.8.17.2001
422. 0022682-19.2017.8.17.2001
423. 0000603-75.2019.8.17.2001
424. 0013968-36.2018.8.17.2001
425. 0027435-19.2017.8.17.2001
426. 0042995-98.2017.8.17.2001
427. 0065288-62.2017.8.17.2001
428. 0012352-26.2018.8.17.2001
429. 0028898-59.2018.8.17.2001
430. 0015306-45.2018.8.17.2001
431. 0016123-46.2017.8.17.2001
432. 0018102-09.2018.8.17.2001
433. 0011369-90.2019.8.17.2001
434. 0036336-39.2018.8.17.2001
435. 0022795-36.2018.8.17.2001
436. 0061199-59.2018.8.17.2001
437. 0027739-81.2018.8.17.2001
438. 0023896-11.2018.8.17.2001
439. 0015039-39.2019.8.17.2001
440. 0002920-46.2019.8.17.2001
441. 0015548-04.2018.8.17.2001
442. 0005171-71.2018.8.17.2001

443. 0010063-23.2018.8.17.2001
444. 0026186-96.2018.8.17.2001
445. 0044533-17.2017.8.17.2001
446. 0016819-82.2017.8.17.2001
447. 0001581-86.2018.8.17.2001
448. 0091307-71.2018.8.17.2001
449. 0091441-98.2018.8.17.2001
450. 0069337-49.2017.8.17.2001
451. 0042091-78.2017.8.17.2001
452. 0020266-78.2017.8.17.2001
453. 0031778-24.2018.8.17.2001
454. 0121817-67.2018.8.17.2001
455. 0035263-66.2017.8.17.2001
456. 0045226-64.2018.8.17.2001
457. 0115445-05.2018.8.17.2001
458. 0007056-23.2018.8.17.2001
459. 0066613-72.2017.8.17.2001
460. 0025839-97.2017.8.17.2001
461. 0037587-92.2018.8.17.2001

Esta obra foi composta em fonte Palatino Linotype, corpo 10,5
e impressa em papel Pólen Bold 70g (miolo) e Supremo 250g (capa)
pela Gráfica Paulinelli, em Belo Horizonte/MG.